歌、楽器、ダンスが上達！
リズム感が良くなる「体内メトロノーム」トレーニング

著 長野祐亮

はじめに

　みなさん、メトロノームという音楽用具を御存知かと思います。歌や楽器などを練習する時に、正確なテンポを「カチ・カチ！」と鳴らして教えてくれるアレです。昔は振り子式でしたが、いつしか電子式が主流となり、最近ではスマホのアプリでも手に入れることが可能になりました。

　本書はそのメトロノームのような一定のテンポを計る感覚「体内メトロノーム」を、①自分で1、2、3、4などのカウントを歌う。②それに合わせて多様な手拍子をする、その組み合わせ練習によって養成・向上させようという本です。この体内メトロノームが身につくとさまざまな効能が期待できます。

　まずは「自分のリズムに確信が持てるようになる」ということ。それによってあなたの歌、演奏、ダンスなどの説得力も自ずと上がるはずです。

　また「人と呼吸を合わせやすくなる」のも重要ポイントです。自分の感じるリズムを人に伝える力が向上しますから、共演者と波長を合わせやすくなるのです。

　もちろん相手が人間でない場合、例えばカラオケなどの伴奏リズムと自分のリズムを共存させる能力もアップします。

　日頃から「リズム感に自信がない」「アンサンブルが苦手」などと感じる人は、ぜひとも本書のエクササイズを試してみてください。「体内メトロノーム」の養成が、みなさんの音楽やダンスの楽しさを広げて、より完成度の高いパフォーマンスの実現に役立てたならば、嬉しく思います。

長野祐亮

CONTENTS

はじめに……2　リズムやカウントの基礎知識……5　この本の使い方……12

基本となる「体内メトロノーム」を身につけよう

4拍子でパ！を叩こう！ ……………………………………… 16
3拍子でパ！を叩こう！ ……………………………………… 23
また4拍子でパ！を叩こう！ ………………………………… 27
3拍子でパパ！とパン！を叩こう！ ………………………… 34
4拍子でウパ！を叩こう！ …………………………………… 38
4拍子でパンウパ！を叩こう！ ……………………………… 46
4拍子でパンパパウパ！に挑戦しよう！ …………………… 52
まとめトレーニング！ ………………………………………… 64

（中級）

パパパ！の「体内メトロノーム」を身につけよう

4拍子でパパパ！を叩こう！ ………………………………… 76
3拍子でパパパ！を叩こう！ ………………………………… 83
4拍子でウンパ！を叩こう！ ………………………………… 89
3連符のパウン！やウンパ！の組み合わせ！ ……………… 96
2小節1セットで3連符のパウン！やウンパ！ …………… 102
まとめトレーニング …………………………………………… 113

(上級)

もっと細かいカウントの「体内メトロノーム」を身につけよう

- 4拍子でパパパパ！を叩こう！............. 118
- パパパパ！のウラ拍をマスターしよう！............. 125
- パン！やウパ！をミックスした細かいリズムを叩こう！...... 132
- パン！やウパ！をミックスした細かいリズムをもっと叩こう！............. 138
- まとめトレーニング............. 149

(応用)

カウントが変化する「体内メトロノーム」を身につけよう

- 1打ずつでリズム・チェンジ！............. 156
- 連打でリズム・チェンジ！............. 161
- ウラ拍も混ぜたリズム・チェンジ！............. 166
- まとめトレーニング............. 171

コラム もっともっとリズム感を良くするために
- 01 自立したリズムが大切............. 45
- 02 時計のゲーム............. 63
- 03 合奏してみよう............. 74
- 04 シンコペーションを知ろう！............. 88
- 05 4分音符を叩きながらパ！を歌う............. 154

おわりに……175

リズムやカウントの基礎知識

●リズムとは何でしょう?

　筆者の職業はドラマーなので、一般の方以上にリズムについて考える機会が多いのですが、リズムとは一体何なのでしょうか?　**音楽の三要素**は、**①メロディ**、**②ハーモニー**、**③リズム**と言われますが、中でも特にリズムは幅広い意味合いを含み、曖昧な要素も多いので説明が難しいものです。辞書で「リズム」を調べると「周期的な動き」、「運動・音楽・文章などの進行の調子」などといった言葉が出てくるようです。音楽以外の場面でも、天体の動きや海水の満ち引き、人の生活のパターンやスポーツの攻防など、様々なシチュエーションで**リズム**という言葉は使われます。

　また音楽においても、**一定の拍子を打つこと**を指す場合もあれば、**メロディなどの歌い回しのこと**を指す場合もあります。そして単に「リズム感が悪い」と指摘されたとしても、**タイム感**と呼ばれる**「一定の拍子を感じる意識」**が足りないのか、**ノリやグルーヴ感**などと呼ばれる**「リズムを心地よく躍動させる感覚」**が足りないのか、さらには**「他の演奏者と合奏する感覚」**が足りないのかなど……様々な要素が絡んできます。

　そうなってくると一体どのような道筋でリズム感を鍛えていけばよいのかがわからないケースも多いと思いますが、リズムの基本を突き詰めていくと、やはり**「1拍」の意識**とそれを**どのような周期で感じる**かに尽きると思います。

　というわけで、この本はそのような**リズムの土台を、カウントを歌うことを通して身につけていく**という内容になっています。

●リズムの周期、「拍」と「小節」が大切

　リズムの一定の周期を表すために大切な要素が拍と小節です。4拍子や3拍子などという言葉を聞いたことがありませんか？ 4分の4拍子（4/4拍子）は**4分音符が4つ**、4分の3拍子（3/4拍子）は**4分音符が3つ**で**1小節と呼ばれるサイクル**を構成しています。

　この時の4分音符ひとつ分を**1拍**といいますが、それがリズムをとらえる上で**最も大切な基本単位**になります。歌う時に伴奏に合わせるのも、バンドで演奏者同士の呼吸を合わせるのも、コンサートで演奏者とお客さんとの一体感を生み出すのも、全てこの**1拍の感覚を共有できるかどうか**がポイントなります。

　ジャズ・バンドなどが難しいリズムを演奏していて「よくバンドの息が合うな〜」と感心するシチュエーションがありますが、そのような演奏は実際に出てくる音だけではなく、その奥にある**基本となる4分音符をメンバーの間でお互いに読みあって共有している**からこそ可能となるのです。とある有名音楽家が「**人と人をつなげるのは4分音符しかない**」と語っていました。これは心に刻んでおきたいとても良い言葉だと思います。

　というわけで、まずはこの4分音符をしっかりと意識することがリズムを正確にとらえる第一歩になります。

●一定のサイクルの繰り返し

　4分音符が4つで**1サイクル**となる4分の4拍子の場合、「**(1回目)**1, 2, 3, 4、**(2回目)**1, 2, 3, 4」という周期で音楽が進行していきます。リズム感を正確にとらえるためには、このサイクルを感じることも大切になります。

　バンドの生演奏などを見ていると、ドラマーが曲の最初に「ワン・ツー・スリー・フォー」などとスティックを打ち合わせてカウントを出します。あれは最初のきっかけを全員で揃えるための合図という役割だけではありません。ロックやジャズなどのポピュラー音楽では、その「ワン・ツー・スリー・フォー」という流れが、**最初から最後までその音楽の裏側で途切れることなく続いている**のです。

　世界の凄腕ドラマーたちに話を聞くと、みんな示し合わせたように**「ONE(ワン)が大切だ」**と語ります。やはり小節の1拍目（最初の拍）をしっかりと意識できるかどうかが、リズムをハッキリと認識できるようになるための秘訣と言えそうです。ちなみに日本の伝統的な邦楽では、そのような一定のサイクルを繰り返すという感覚は少ないようで、音と音の空間を"間"ととらえたりします。例えば5・7・5の言葉からなる俳句なども、言葉（音）の数をとらえて、5・7・5の隙間は「間」として感じます。

　そのせいか日本人は西洋音楽のように、**一定のサイクルの繰り返しの中で表現をする感覚が薄い**とよく言われていますね。その一定のサイクルを繰り返す感覚を養うのが、本書で紹介する「体内メトロノーム」エクササイズになります。

●カウントとは？

　筆者がドラムを始めた時、よく先輩ドラマー達から「ドラムのフレーズを口で歌いながら叩きなさい」と教えられました。例えばリズムを「ドン・パン・ドン・パン」のように歌うわけですが、この手法はドラムのフレーズを体に染み込ませたり、表現力豊かに叩けるようになるためにはとても効果的な練習方法であり、その効果も実感していました。しかしそれだけでは何かが欠けていました。

　それに気がついたのはドラムを始めてから10年くらいたった頃。海外の教則ビデオや教則本の中で有名ドラマー達がフレーズを解説する時に「ワン＆、トゥ＆、スリ＆、フォー＆」などと歌いながら叩いているではありませんか！　教則本の譜面には音符の上に同じく「ワン＆ツー＆スリ＆フォー＆」などとカウントが記載されていて、「これを歌いながら叩け」という指示があります。「カウントしながら叩く手法がある！」ということを初めて知ったその時の驚きは今でもよく覚えています。

　そしてそれを実践したところ、漠然とリズムにノッていたそれまでの状態から、一定のサイクルを感じながら、拍を噛みしめて演奏する感覚へシフト。共演者からも「リズムが安定した」とか「一緒に演奏しやすくなった」などという言葉をかけてもらい、自分が感じる4分音符を共演者に伝える力が増したことを実感しました。

　カウントは基本サイクルを明確にする物差しのようなものです。まずそれを自分の中に明確に意識して、その上で表現力やノリを加えていくことが大切だと感じます。ただしミュージシャンが音楽の中で常にカウントを意識しているかというと、そうではありません。しかし練習の段階でこの物差しを一度体の奥深くに取り込み、無意識でも感じられるような「自分の中に根付いた存在」にすると「リズム感」は劇的に変化します。

　またこの物差しをいつでも機械のように正確に寸分違わず持てなくては駄目なのかというと、それも違います。曲の中で意図せずとも自然にリズムが速くなったり遅くなったりした結果の名演はたくさんあります。リズムが速いor遅いよりも、自分なりの4分音符や1小節の感覚を常に明確に発信して、それを共演者と共有することが大切であり、それがあれば一体感のある音楽を生み出すことができるのです。

●カウントの実際

ではカウントの解説に入っていきましょう。この本で取り上げる拍子は① 4/4拍子、② 3/4拍子の2種類。そしてカウントのバリエーションは下の図の7種類になります。まずは手始めにこれらをそれぞれ歌ってみてください。数字の部分が通常の4分音符のタイミングになりますので、基本としては**数字の部分を少し強めに歌うとノリの感じがつかみやすいでしょう**。また数字と数字の間の細かい音の流れ（&, e, d）は、**リズムのノリを決定づける大切な要素**になります。これは専門用語ではサブディビジョン（細分化）と呼ばれ、それらが8ビートや16ビートと呼ばれるリズムの種類を構成する大元になります。

カウントを歌う時のポイントですが、なるべく大きな声でお腹から息を出しましょう。よく歌う時や武道の気合などで「腹の底から声を出せ」などと言われますが、リズムも同様で**お腹の底からリズムを感じることが肝心**です。筆者もドラム演奏で調子の良い時は腹の底からリズムが流れ出す実感があり、それはまるでお腹の中でエンジンが激しく動いているような感覚です。リズムをお腹の底から歌うことでその感覚を養うことができます。ちなみにこのカウントを心地よくお腹から歌えるようになれば、この教則本が目指すポイントの6～7割は達成されたと思って良いかもしれません。そういった意味でも、まずはこのページのカウントに十分に慣れてほしいと思います。

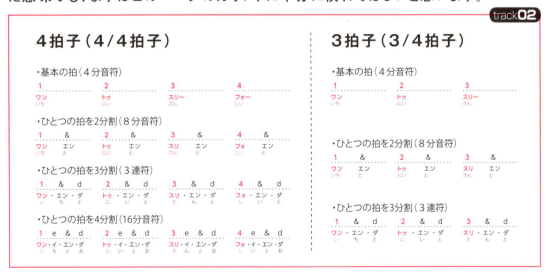

●カウントを歌うポイント

1, 腹式呼吸で歌いましょう

　カウントには英語と日本語の2種類が記してあります。一説では日本語よりも英語のほうが息を多く使う言語であり、**腹式呼吸での発声を必要とする**と言われています。確かに日本語で「いち・と、にい・と、さん・と、しい・と」とカウントすると口先だけの平たい歌になりやすく、英語で「ワン&、トゥ&、スリ&、フォ&」と歌うほうが語感もシャープですし、腹から声を出す感覚を得やすいと感じます。

　したがってお腹の**「体内メトロノーム」を養うには英語のほうが有利**だとは感じますので、模範演奏のカウントは英語にしましたが、腹から声を出す感覚を意識できるのであれば、どちらでも発音のしやすい方を選んで構いません。

2, 姿勢に気をつけましょう

　カウントを歌うのは椅子に座った状態でも、立った状態でも構いません。ただし腹から声を出すということを意識する場合、猫背やねじれたような姿勢は良くないでしょう。できる限りお腹に無駄な力が入らない、**リラックスした自然体**を意識して取り組んでほしいと思います。

3, できるだけ長い時間継続しよう

　カウントは**できるだけ長い時間継続して繰り返し歌う**のが効果的です。一般的なポップスなどの曲の長さが3〜5分とすると、少なくともそれくらいの時間は一定のカウントを楽にキープできるようになりたいものです。とりあえずの第一段階として、1分間は止まらずに続けることを目標にしてみましょう。ちなみに海外の伝説的な黒人ドラマー達の中には、ひとつのリズムを6時間〜8時間止まらずに延々と演奏し続けて練習したという伝説を持つ人達がたくさんいます。それはもはや超人レベルではありますが、ノリの良いリズムを習得するための本質を突くエピソードだと感じます。

4, 息を吸うポイント

カウントを歌い続ける時、当然ですが息を吸わなければなりません。ちなみに演奏中のドラマーは、**数字と数字の間のウラ拍と呼ばれる部分で息を吸う人が多い**ようです。例えばカウントを歌う数字の間の「&」のあたりでタイミングよく「スッ」と自然に吸えるよう意識すると良いですね。

5, 息を使う楽器の人は？

歌を歌う方や管楽器などの息を使う楽器を演奏する人は、演奏中にカウントを歌うことはできません。しかし、本書のカウントを歌う練習をすることで頭とお腹の中にカウントの感覚が出来上がれば、息を使って実際にカウントを歌わなくても**お腹にリズムの核が存在するようになる**はずです。

6, メトロノームを使う

練習する時に、正しいリズムの確認のためにメトロノームを使う場合があります。最近はスマホのアプリなど、無料で手に入るメトロノームもありますが、カウントを歌う時にそれらを用いるのも良い方法です。

ただし単に漠然とメトロノームと一緒にカウントを歌ってもリズム感は良くなりません。メトロノームに寄りかかるようにしてリズムを合せることを"後出しジャンケン"やゲームセンターの"モグラ叩き"に例える人もいますが、**メトロノームに合わせていくのではなく、自分の生み出す自立したカウントとメトロノームの音が「結果的に合っている」という感覚が大切**です。メトロノームを使っても一向にリズム感が良くならないと感じる人は、そのあたりに注意して、まずは自分の体内メトロノームを養いましょう。そのためにはメトロノームの音を30秒から1分間ほどよく聴いて、リズムをしっかりと体で感じた後にカウントを歌い出すのが効果的です。

またメトロノームがない人は、好きな音楽に合わせてカウントを歌うのも良いですし、もちろん何も無い環境でカウントのみを歌っても効果があります。

この本の使い方

　さあカウントを歌うことは理解できましたか？　いよいよこの本の内容の解説に入っていきましょう。最初の項で、リズムには「一定の周期の繰り返し」以外に、メロディの歌いまわしという要素もあると書きました。この歌いまわしを「譜割り」などと呼びますが、これは「一定のリズムの中のどの部分に音符を当てはめて、どれだけ音を伸ばすか」といったことです。歌詞や楽器のフレーズを拍や小節の一定の周期を崩さずに当てはめるられるかどうかが、安定したリズムを生み出す基本になります。もちろんその譜割りを敢えて崩したり揺らしたりする手法もありますが、まずは基本の枠組みが見えていないと、リズムの悪さだけが目立つ演奏になってしまいます。そこで本書では、**一定のカウントを崩さずに歌いながら、音符を色々なタイミングで当てはめていく**ことを主題にしています。

　対応した付録音源にはまず基準となるカウントが入っています。そのカウントのあとにそれぞれのエクササイズが始まります（track04）。エクササイズのカウントは左側、手拍子は右側から聞こえます。

track04

エクササイズ音源の基本パターン

基準カウント ※中央から聞こえます

1	2	3	4
ワン	トゥ	スリー	フォー

※基準カウントは9ページ下のパターンの中のエクササイズに合っているものから始まります。

→

カウント ※左から聞こえます

1	2	3	4
ワン	トゥ	スリー	フォー
	パ		パ

エクササイズ ※右側から聞こえます

大きい✋マークのところで手を叩きましょう！

　上段に記してある**カウントを歌いながら**、下段に記してある**「パ」**の位置で手拍

子を叩いていきます。あくまでも大切なのは腹の底から歌うカウントの部分ですから、手拍子によってカウントの一定感を失わないように注意することがポイントとなります。

●音を鳴らすのは手拍子以外でもOK!

　下段の音を鳴らすのは手拍子だけでなく、座りながら手で腿を叩いたり、割り箸でペットボトルを叩いたりしても良いです。また楽器を演奏される方は手拍子の代わりに楽器を鳴らすのも良い方法ですね。また本書後半で出てくる速いフレーズなどで手拍子が追いつかなくなる場合は両手で交互に腿を叩いたりするのも良いでしょう（叩く手の順などは叩きやすい方法で構いません）。

●最初はスローなテンポから!

　練習するテンポはゆっくり目から始めるのを基本としてください。速く叩くことが目標ではなく、**確実にリズムをとらえることが一番の目的です**。ちなみにCDの音源はメトロノームの表示で♩45～70くらいの遅めを意識した設定になっています。このあたりのテンポから始めて、慣れてきたら4～5目盛りずつ上げていくことをお薦めします。

●効果的な練習法

まず最初に**カウントのみをしばらく歌い**、それが**安定してきたら手拍子を加える方法**が効果的です。また前の項でも述べた通り、エクササイズはできるだけ長い時間続けることで効果が期待できます（繰り返す例：track05）。あるいはページをまたいで次のエクササイズを行う場合も、カウントは継続したままでページをめくって次のエクササイズに移行してやってみる……それも良い手法です。

●カウントが難しい場合

数字をカウントしながら手拍子を加えるのが難しい場合は次の手法で段階的に取り組んでいきましょう。

例えばドラマーの中には、数字のカウントではなく「ア！」や「チッ！」といった**声で4分音符を表現する**人もいます。数字を意識するのが難しい場合、まずはこの方法でチャレンジしてみましょう。

また口でのカウントの代わりに**足でカウントの音を鳴らしながら、手拍子をする**のも良い導入方法です。まずはそういった手法で手拍子のフレーズに慣れてから、段階的に声のカウントに移行すると良いでしょう。

基本となる「体内メトロノーム」を身につけよう

～4拍子と3拍子～

この4つのカウントでやってみよう

パの4拍子：1、2、3、4
パの3拍子：1、2、3
パパの4拍子：1&、2&、3&、4&
パパの3拍子：1&、2&、3&

【体内メトロノーム】トレーニング1
4拍子でパ!を叩こう!

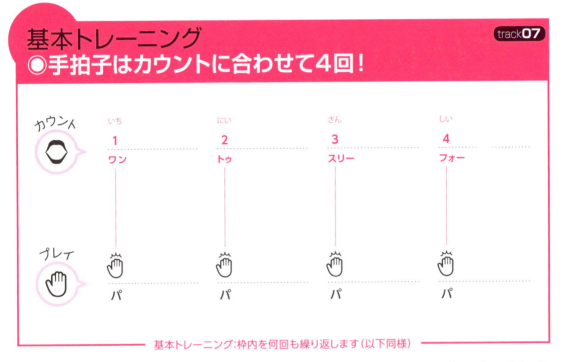

まずは「1、2、3、4」のカウント（4分音符）を歌いながら、同じタイミングで手をパ!と叩くエクササイズからスタートです。非常にシンプルな基本中の基本と呼べる内容ですが、ここで「1、2、3、4」の正確なタイミングをつかんでおくことが、後々のエクササイズの成果を大きく左右します。

まずは「しっかりとお腹の底からカウントを歌うこと」を意識して取り組んでください。

そして「1、2、3、4」の間合いを正確に感じること、そしてカウントとパ!のタイミングがきちんと揃っているかどうかを確認することも大切なポイントになります。

エクササイズのやり方は12ページの「この本の使い方」もお読みください

【体内メトロノーム】トレーニング1
4拍子でパ!を叩こう!

> 「ウ」は叩かないところを意味してます!

応用トレーニング1
●手拍子は「ワン」のタイミングの1回だけ!

track**08** time 0:00〜0:10

応用トレーニング:枠内を何回も繰り返します(以下同様)

　「1、2、3、4」のカウントを歌いながら、手で1拍目だけパ!と叩くエクササイズです。このように手拍子を打つと「1、2、3、4」で巡る1小節のサイクルが強調されて感じられると思いますので、それをしっかりと体に染み込ませる気持ちで練習してください。

14ページの「効果的な練習法」も、ぜひ実践してみてください

【体内メトロノーム】トレーニング1
4拍子でパ!を叩こう!

　「1、2、3、4」のカウントを歌いながら、手で4拍目だけパ!と叩くエクササイズです。リズムが速くなりやすい人は、「4」から「1」に戻る時に急いでしまう傾向にあります。4拍目を強調することで、1拍目（ワン）に戻る流れをゆったりと落ち着いて感じられるように練習してください。

基本、応用、どのトレーニングも、できるだけ長く繰り返してやると効果的です(14ページのtrack05)。

【体内メトロノーム】トレーニング1
4拍子でパ!を叩こう!

> 本パターンを繰り返した例が14ページのtrack05です

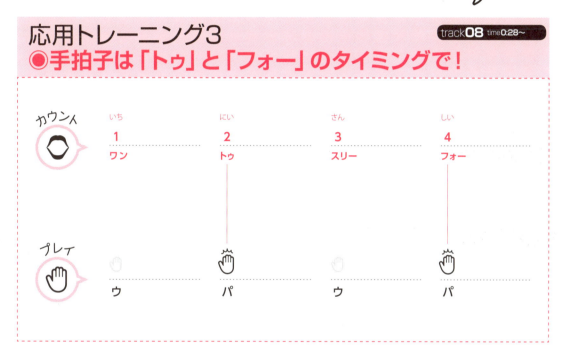

応用トレーニング3
●手拍子は「トゥ」と「フォー」のタイミングで！

track**08** time**0:28～**

「1、2、3、4」のカウントを歌いながら、手で2拍目と4拍目だけパ！と叩くエクササイズです。2拍4拍（トゥとフォーのタイミング）はポピュラー・ミュージックのリズムではバック・ビートやアフター・ビートと呼ばれ、一般的にアクセントが強調される箇所です。音楽に合わせて手拍子を打つ場所もこのタイミングが多いですが、この手拍子だけでも心地よいノリが感じられるようになるまでチャレンジしてください。

【体内メトロノーム】トレーニング1
4拍子でパ!を叩こう!

　「1、2、3、4」のカウントを歌いながら、手で1拍目（ワン）と3拍目（スリー）だけパ!と叩くエクササイズです。日本の民謡や演歌などにおける手拍子は、このタイミングで叩かれることが多いですが、ポピュラー・ミュージックにおいても、大きな2カウントのサイクル（2拍子）を意識するシチュエーションはたくさん出てきます。そのような時に間延びすることのないよう、しっかりと4つのカウントを意識して取り組んでください。

【体内メトロノーム】トレーニング1
4拍子でパ!を叩こう!

> 難しくてできない時は、音源のカウントに合わせて「手拍子だけ」からやってみましょう!

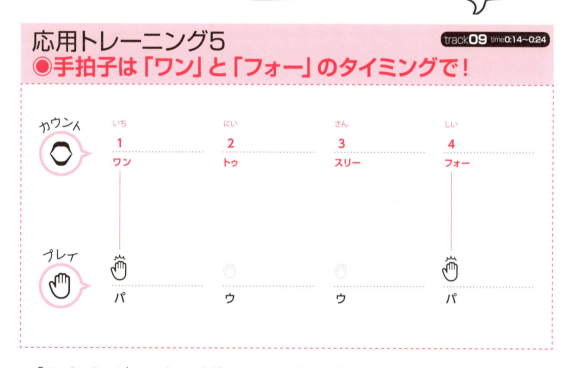

　「1、2、3、4」のカウントを歌いながら、手で1拍目と4拍目だけパ!と叩くエクササイズです。4拍目の手拍子で1拍目のタイミングを心地よく呼び込むような、連動するリズムの流れを感じられると良いと思います。「1、2、3、ハイ!」のような気持ちでトライしてください。

【体内メトロノーム】トレーニング1
4拍子でパ!を叩こう!

> 難しいトレーニングは、カウントを誰かに言ってもらって「手拍子だけ」やってみる方法から初めてもOKです!

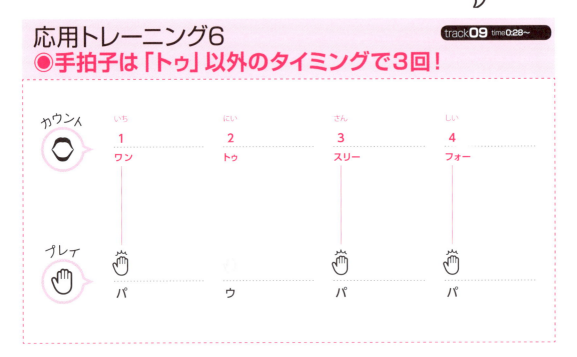

応用トレーニング6
●手拍子は「トゥ」以外のタイミングで3回!

track09 time 0:28〜

| カウント | いち 1 ワン | にい 2 トゥ | さん 3 スリー | しい 4 フォー |
| プレイ | パ | ウ | パ | パ |

　「1、2、3、4」のカウントを歌いながら、手で1、3、4拍だけパ!と叩くエクササイズです。手を叩く数字の部分に意識が集中しやすいのですが、実は逆に手を叩かない2拍目のカウントを強く意識する気持ちで取り組むのが安定感のポイントになります。
　この感覚は後々のエクササイズでも大切になるので、このシンプルな段階でコツをつかんでおきましょう。

【体内メトロノーム】トレーニング2
3拍子でパ!を叩こう!

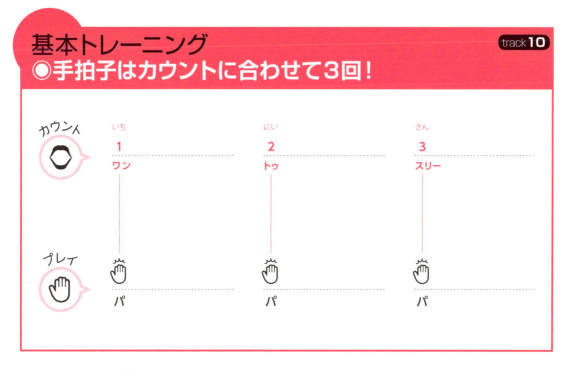

　クラシックやジャズにおけるワルツ、童謡などではよく耳にする3拍子のリズム。「1、2、3、1、2、3〜」のリズムですね。ポピュラー音楽に親しんでいる人には、やや馴染みが少ないかもしれませんが、4拍子と同様にとても重要なリズムになります。
　これを熟練すると、その効能が4拍子などにも反映され、総合的なリズム感が向上するというメリットもあります。ですから普段は3拍子にあまり縁がないという人も、ぜひ積極的に取り組んでほしいと思います。「1、2、3」という3カウントで巡る、特有の丸みを帯びたサイクルを意識できるようになると、練習が楽しくなると思いますよ。

【体内メトロノーム】トレーニング2
3拍子でパ!を叩こう!

> その日は1〜3分を1セットで、ひとつのトレーニングを繰り返す、そんな「1日1トレーニング」ペースでじっくり取り組むのもいいですよ

応用トレーニング1
● 手拍子は「ワン」のタイミングの1回だけ!

track 11 time 0:00〜0:09

「1、2、3」のカウントを歌いながら、手で1拍目だけパ!と叩くエクササイズです。手を叩かない2拍3拍を強く意識すると、3拍子のゆったりとしたサイクルを感じやすいでしょう。

【体内メトロノーム】トレーニング2
3拍子でパ!を叩こう!

> ウを叩いて、パを叩かない……
> 逆にしてやってみるのも練習になります。
> ※他のトレーニングも同様

応用トレーニング2
●手拍子は「スリー」のタイミングの1回だけ!

track 11 time 0:11〜0:19

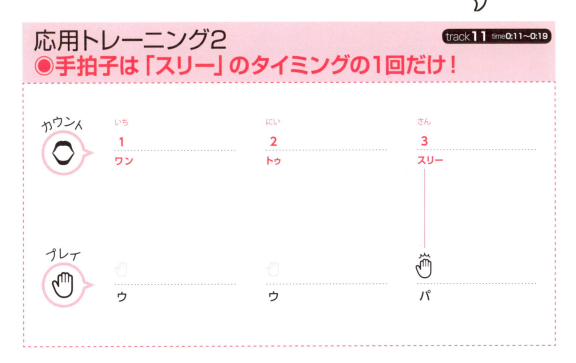

「1、2、3」のカウントを歌いながら、手で3拍目だけパ!と叩くエクササイズです。3拍目の手拍子で、1拍目に揺り戻すようなリズムの波が表現できてくると、3拍子の心地よさを実感できるようになると思います。

【体内メトロノーム】トレーニング2
3拍子でパ!を叩こう!

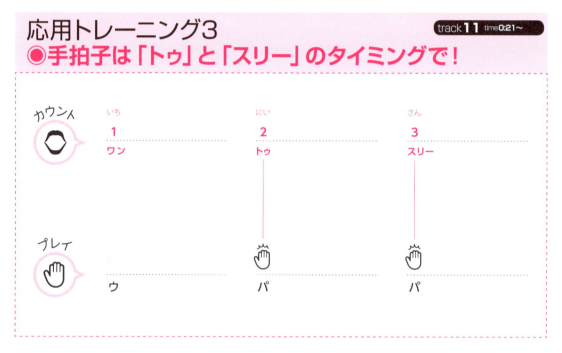

「1、2、3」のカウントを歌いながら、手で2拍目と3拍目をパ!と叩くエクササイズです。24ページの1拍目だけパ!と叩くエクササイズの逆バージョンになりますが、2〜3拍目の2打の手拍子で1拍目のカウントを支える気持ちでトライすると安定感のあるリズムが得られると思います。

【体内メトロノーム】トレーニング3
また4拍子でパ!を叩こう!

　「1＆、2＆、3＆、4＆」のカウント（8分音符）を歌いながら、同じタイミングで手を叩くエクササイズです。この1小節に8つの音を叩くリズムは、8ビートと呼ばれるリズムの原型でもあり、ロックやポップス、R＆Bなど、様々な音楽の基となる大切な要素を含んでいます。

　数字と数字の間に入る「＆」のタイミングは**ウラ拍と呼ばれるタイミング**です。これを正確に感じることはリズム感を養うためにとても重要になります。ウラ拍を数字同士のちょうど中間で歌って、8つの音が均等に並ぶことを意識しながら練習してください。もちろんお腹の底からカウントを歌うことも忘れずに!

【体内メトロノーム】トレーニング3
また4拍子でパ!を叩こう!

> 「ン」も手を叩かないところを意味してます!

応用トレーニング1
●カウントの「&」では手拍子しない!

track 13 time 0:00～0:11

　「1&、2&、3&、4&」のカウントを歌いながら、数字の部分だけ、すべてパ!と手拍子するエクササイズです。手拍子と手拍子の隙間に歌う「&」の声をしっかりと聴きながら練習することがポイントです。手拍子の手が離れるタイミングにその「&」の声が入ることを意識すると、手拍子がリズミカルに打てるようになるでしょう。

【体内メトロノーム】トレーニング3
また4拍子でパ!を叩こう!

> ウを叩いて、パを叩かない……
> 逆にしてやってみるのも練習になります。
> ※他のトレーニングも同様

応用トレーニング2
●手拍子は「ワン」のタイミングの1回だけ!

track **13** time 0:16〜0:26

「1&、2&、3&、4&」のカウントを歌いながら、1拍目だけパ!と手拍子するエクササイズです。世界の名ドラマー達も特に重要であると語る「ワン!」のタイミング（1拍目）を強く意識しながら、1小節単位の8分割された音符の流れを感じてください。

【体内メトロノーム】トレーニング3
また4拍子でパ!を叩こう!

各トレーニングに慣れてきたら、遅いテンポ、速いテンポなど、基本となるテンポを変えたトレーニングもやってみてください!

応用トレーニング3
●手拍子は「トゥ」と「フォ」のタイミングで!

track 13 time 0:31〜

　「1&、2&、3&、4&」のカウントを歌いながら、2拍目と4拍目だけパ!と手拍子するエクササイズです。前にも述べたように、2拍4拍というのはポピュラー・ミュージックではアフター・ビートやバック・ビートと呼ばれるタイミングであり、リズムのアクセントが強調されます。カウントと2拍4拍の手拍子が上手く重なれば、ロックなどの基本のリズムである8ビートのノリが心地よく感じられるはずです。

【体内メトロノーム】トレーニング3
また4拍子でパ!を叩こう!

「1＆、2＆、3＆、4＆」のカウントを歌いながら、1拍目と3拍目でパ!と手拍子するエクササイズです。こういう大きな2カウント・サイクルのリズムの時は、手を叩かない「2」と「4」の声をしっかり意識して間延びしないようにすることが大切です。実際のアンサンブルではこのリズムは、テンポが遅くなりやすいので注意が必要です。

【体内メトロノーム】トレーニング3
また4拍子でパ!を叩こう!

「1＆、2＆、3＆、4＆」のカウントを歌いながら、「1＆、2＆」の時にパパ!パパ!と手拍子するエクササイズです。手を叩かない「3＆、4＆」の時も、手を叩く箇所と同じような力強い感覚でカウントを維持してリズムを一定に保とうとする意識が大切です。このパターンは、手を叩く箇所でテンポが速くなりやすいので注意してください。

【体内メトロノーム】トレーニング3
また4拍子でパ!を叩こう!

難しくてできない時は、音源のカウントに合わせて「手拍子だけ」からやってみましょう!

応用トレーニング6
●前半はパ(ン)が2回、後半はパパが2回!
track 14 time 0:30～

「1＆、2＆、3＆、4＆」のカウントを歌いながら、前半はパ(ン)!、後半はパパ!と手拍子を叩くエクササイズです。前半のパ!の箇所は、叩かない「＆」の声をしっかりと聴きながら1小節単位の流れを保つことがポイントです。このリズムは、実際の曲の中でもよく出てきますが、特に後半で速くなりやすいので注意してください。

【体内メトロノーム】トレーニング4
3拍子でパパ!とパン!を叩こう!

基本トレーニング
◎パパ×3で1サイクルが基本!

track 15

　3拍子に乗せた「1&、2&、3&」のカウントに合わせて手を叩くエクササイズです。**① 1小節サイクルの大きな3カウントの流れ、② 1拍ごとのウラ拍を含む細かい流れ**、両方を同時に感じられると、ゆったりと心地よい3拍子が感じられるようになると思います。特に3拍目から1拍目に戻る時の流れを大切にすると良いフィーリングが得られるでしょう。そのためには3拍目を少し大きな声でカウントして、「はい、どうぞ!」のようなイメージで1拍目の入りを促すのも良い方法になります。

【体内メトロノーム】トレーニング4
3拍子でパパ!とパン!を叩こう!

　「1＆、2＆、3＆」のカウントを歌いながら、1拍目はパ（ン）!、2〜3拍目はパパ!と手拍子するエクササイズです。1拍目のパ!をやや強めに叩いて「ワン」の位置を強調すれば、心地よい3拍子のサイクルを意識できるようになるでしょう。

【体内メトロノーム】トレーニング4
3拍子でパパ!とパン!を叩こう!

> 難しくてできないトレーニングは、音源のカウントに合わせて「手拍子だけ」からやってみましょう!

　「1&、2&、3&」のカウントを歌いながら、パ(ン)!とパパ!の手拍子を混ぜるエクササイズです。これは3拍子の典型的なリズム・パターンのひとつで、2拍目と3拍目の手拍子の箇所は、パパパ(ン)!と3打つなげて滑らかに叩けるようになると良いでしょう。

【体内メトロノーム】トレーニング4
3拍子でパパ!とパン!を叩こう!

> 難しくてできない時は、音源のカウントだけ2〜3分録音して、それに合わせて「手拍子だけ」からやってみると慣れるかも!

応用トレーニング3
●パパが1回、パンが2回!

track 16 time 0:23〜

　「1＆、2＆、3＆」のカウントを歌いながら、パパ!とパ（ン）!の手拍子が混ざるエクササイズです。このパターンは2拍目と3拍目のパ!をやや強めに感じて練習してみるのもよいでしょう。
　同じリズムでもいろいろな感じ方ができるようになることで、リズムの柔軟性や対応力を養うことができます。

【体内メトロノーム】トレーニング5
4拍子でウパ!を叩こう!

　「1&、2&、3&、4&（8分音符）」のカウントを歌いながら、手を叩かない数字の部分を「ウ」と感じ、ウラ拍をパ!と叩くエクササイズです。前にも述べましたが、ウラ拍は**リズム感を養うためのとても大切な音符**になります。流れが雑にならないように、ゆっくりとした速さから確実に練習してほしいと思います。

　カウントの基本としては、「&」よりも数字の部分を強めに歌うことで、4拍子のサイクルを強く意識するよう心がけてください。手につられてウラ拍の「&」の部分が強調されてしまわないように注意しましょう。

【体内メトロノーム】トレーニング5
4拍子でウパ!を叩こう!

> 難しい場合は、音源のカウントに合わせて「手拍子だけ」からやってみましょう!

応用トレーニング1
●手拍子は1拍目のウパのみ!

track 18 time 0:00〜0:11

　「1&、2&、3&、4&」のカウントを歌いながら、1拍目だけ（ウ）パ!と手拍子するエクササイズです。手拍子する時だけリズムの流れが変わってしまわないように、全体に均等な間合いになるよう意識して練習してください。そのためには手拍子直後の「2」の声をしっかり聴きながら取り組むことが安定感のポイントになります。

【体内メトロノーム】トレーニング5
4拍子でウパ!を叩こう!

これができたら、「後半だけウパの手拍子を2回!」もやってみましょう

応用トレーニング2
●手拍子は前半にウパを2回!

track 18 time 0:15～0:26

「1＆、2＆、3＆、4＆」のカウントを歌いながら、1拍目と2拍目だけ(ウ)パ!と手拍子するエクササイズです。ポイントは前半の「1＆、2＆」と後半の「3＆、4＆」の間合いが同じになるよう頭の中で感じながら練習すること。スムーズにできるようになるためには、カウントを腹の底から力強く歌っていくことも大切です。

【体内メトロノーム】トレーニング5
4拍子でウパ!を叩こう!

応用トレーニング3
●2拍、3拍でウパの手拍子!

track **18** time 0:30〜

「1＆、2＆、3＆、4＆」のカウントを歌いながら、2拍目と3拍目だけ（ウ）パ!と手拍子するエクササイズです。このようなリズムが実際の曲の中で出てくると、どうしてもタイミングを急ぎやすくなります。「3」と「4」の数字をしっかりと歌いながら、「＆」との間合いを取っていきましょう。手を叩かない「1」のタイミングも要注意です。

【体内メトロノーム】トレーニング5
4拍子でウパ!を叩こう!

　「1＆、2＆、3＆、4＆」のカウントを歌いながら、1拍目と2拍目と3拍目で(ウ)パ!と手拍子するエクササイズです。手拍子に慣れたら、次はカウントする「1、2、3、4」の数字がきちんと均等な流れで聴こえるようになるまで、何度も繰り返して続けると効果的です。

【体内メトロノーム】トレーニング5
4拍子でウパ!を叩こう!

「1＆、2＆、3＆、4＆」のカウントを歌いながら、2拍目と3拍目と4拍目で（ウ）パ！と手拍子するエクササイズです。4拍目のパ！を叩き終わった後、「ワン」のタイミングを正確にとらえられるかどうかがこの練習のポイントになります。「ワン」を大な声で歌って、しっかりと1小節のサイクルの流れを意識しながら取り組むと良いでしょう。

[体内メトロノーム] トレーニング5
4拍子でウパ!を叩こう!

> これができたら、「3拍目以外はすべてウパ!」もやってみましょう

応用トレーニング6
●2拍目以外はすべてウパ!

track 19 time 0:30〜

「1＆、2＆、3＆、4＆」のカウントを歌いながら、1拍目と3拍目と4拍目で(ウ)パ!と手拍子するエクササイズです。繰り返して練習する時、3拍目と4拍目のウラ拍(＆)から1拍目まで、3連続してウラ拍(＆)を叩くことになります。1拍目に戻るつなぎ目(4の「＆」と1)がぎこちなくならないように意識してください。

コラム01

もっともっとリズム感を良くするために！
自立したリズムが大切

　リズム感には人それぞれの癖や個性がありますが、やはり一流と言われる人達は、皆さん一様にリズム感に秀でています。そのような人達と共演すると、彼らが生み出すリズムのヴァイブレーションに誘われて、まるで自分のレベルが上がったと錯覚するくらい、無心で演奏や踊りができたりすることもあるでしょう。一流のバンドやチームはこのような人達が集まっているのですから、素晴らしいアンサンブルが生まれるのは当然だと痛感します。

　しかし彼らは決して人のリズムに寄りかかるようなことはしません。それぞれが自立したリズム感を持ち、それを踏まえた上で拍や1小節といったポイントを他者と共有してアンサンブルしていくのです。ある有名ドラマーがメトロノームと練習する際の注意として「メトロノームが君のテンポをキープしてくれるのではなく、君自身のテンポがメトロノームの中にいかに共存できるかが大事」と語っていました。これはダンスでもカラオケでも同じです。バックで流れる音楽によりかかるのではなく、まず自分のリズム感をしっかりと意識して、その上で音楽と共存しながら踊ったり歌ったりするからカッコいいのです！　本書はそんな自立したリズム感を養うことを目的としていますが、例えば下に示したような図形（**1**&、**2**&、**3**&、**4**&」の場合）を紙に書いて、矢印の方向を目で追いながらカウント練習するのも効果的です。これは仮想指揮者のようなもので、視覚的にもリズムの流れをイメージすることでリズムの安定感アップに役立ちます。

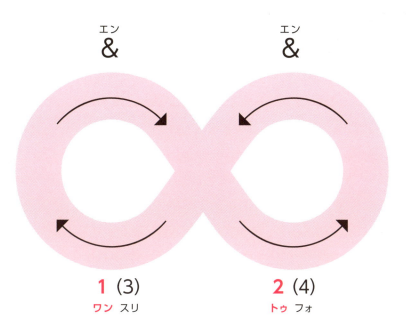

【体内メトロノーム】トレーニング6
4拍子でパンウパ!を叩こう!

「1&、2&、3&、4&」のカウント(8分音符)を歌いながら、パン!や(ウ)パ!といった色々な組み合わせのリズムを叩く応用エクササイズです。

最初の譜例は、基本トレーニングの項で解説した2拍と4拍に叩くバック・ビート(アフター・ビート)に**3拍目のウラ(&)**を加えた形になっています。この3拍目のウラの音で4拍目を押し出すような勢いが加味できると心地よいリズムが表現できると思います。音を叩かない部分もカウントを明確に歌って、基本となる4カウントの流れを崩さないようにするのもポイントです。

ゆっくりで良いので、この基本が確実にできるようになってから応用に進みましょう

【体内メトロノーム】トレーニング6
4拍子でパンウパ!を叩こう!

難しい場合は、音源のカウントに合わせて「手拍子だけ」からやってみましょう!

応用トレーニング1
●パンウパの手拍子が2回!

track21 time0:00～0:11

　1拍目と3拍目の大きな2カウントの流れを意識したパ(ン)!に対して、これはウラ拍の(ウ)パ!を加えたエクササイズです。ウラ拍のパ!で1拍目と3拍目を心地よく押し出すイメージで手拍子ができれば、良いノリが出せるでしょう。
　30ページで練習したトレーニング3の応用3(2拍4拍打ち)や46ページの基本トレーニング5などとアンサンブルしても楽しいリズムで、8ビートのノリの基本を含んでいます。

【体内メトロノーム】トレーニング6
4拍子でパンウパ!を叩こう!

　1拍目と2拍目のパ（ン）!に対して、3拍目で（ウ）パ!と手拍子を叩くエクササイズです。実際の曲でこのようなリズムが出てくると、テンポが速くなりがちです。その原因は（ウ）パ!のタイミングが速くなりやすいこと。そして4拍目の「4＆」のカウントの意識が薄くなり、1拍目に急いで戻ってしまうのです。そこに注意してやってみましょう。

【体内メトロノーム】トレーニング6
4拍子でパンウパ!を叩こう!

　1拍目と4拍目のパ(ン)!に対して、2拍目で(ウ)パ!と手拍子するエクササイズです。実際の楽曲でも非常によく見かける定番のリズムですね。手拍子のない3拍目のカウントをしっかり意識することがリズムの安定感を得るポイントです。トレーニング3の応用3(2拍4拍打ち)とアンサンブルしても楽しいリズムですが、その際には4拍目のパ!を全員で確実に揃えるように心がけると良いでしょう。

【体内メトロノーム】トレーニング6
4拍子でパンウパ!を叩こう!

応用トレーニング4
●パパウパの手拍子が2回!

track22 time 0:00～0:11

　奇数の拍のパパ!に対して、偶数拍では(ウ)パ!と手拍子するエクササイズです。手を叩かない「2」と「4」の数字のカウントを手拍子に負けないように強く感じて歌うことがリズムの安定感のポイントです。これも「2拍4拍打ち」のトレーニングとアンサンブルしても楽しいリズムです。その際はこちらの手拍子を少し抑えめの音量で組み合わせると、心地よい8ビートのノリを実感できると思います。

【体内メトロノーム】トレーニング6
4拍子でパンウパ!を叩こう!

　今度は奇数拍の（ウ）パ!に対して、偶数拍でパパ!と手拍子を叩くエクササイズです。実際の演奏では3連打（パが3つ続くところ）の音同士の間隔が次第に詰まってきてテンポが速くなるケースがよく見られます。「1」と「3」のカウントをしっかりと歌って、大きな流れを意識して練習してください。トレーニング3の応用4（1拍3拍打ち）やトレーニング3の応用1（4分打ち）とアンサンブルすると、より安定感を養う練習ができるでしょう。

【体内メトロノーム】トレーニング7
4拍子でパンパパウパ！に挑戦！

基本トレーニング
◎まず2小節目（2段目）の変化に慣れよう！

track23

「1段目＋2段目」を1セットで繰り返します(以下同様)

　「1＆、2＆、3＆、4＆」のカウント（8分音符）を歌いながら、パ（ン）！や（ウ）パ！を組み合わせたリズムを叩く応用エクササイズ。今回は少し長めのフレーズ（2小節）で1セットです。最初はシンプルなパ（ン）！のリズム（4分打ち）から、（ウ）パ！を絡めたリズムに移行するパターン。2小節目はポピュラー系の音楽では定番的なリズムの流れですが、このようなリズムが出てきても、1小節目で叩いている基本のパ（ン）！パ（ン）！（4分打ち）のイメージを失わないことが大切です。つまり2小節目では空白となっている3拍目のカウントもしっかりと感じながらやることがポイントです。

【体内メトロノーム】トレーニング7
4拍子でパンパパウパ!に挑戦!

> 上の段が1小節目、下の段が2小節目になります!

応用トレーニング1
●2小節目のパパウパウパウパも冷静に!

track 24　time 0:00〜0:15

　1小節目（1段目）は4分打ちのパ（ン）!のリズム、2小節目（2段目）ではパパ!と（ウ）パ!を組み合わせたリズムに移行します。2小節目で手がウラ打ち（ウラ拍を打つ）に変化しても、カウントは冷静に一定の間合いと声のトーンを保つということを意識してやってみましょう。

【体内メトロノーム】トレーニング7
4拍子でパンパパウパ！に挑戦！

> 52ページからのトレーニング7のエクササイズは2小節を1サイクルとして繰り返してください！

応用トレーニング2
●パンウパパンのノリが基本！
track24 time 0:16〜0:31

　1拍と3拍の奇数拍のパ（ン）！に対して、ウラ拍の（ウ）パ！を加えてノリを出しているリズムで、最後の拍で手拍子をしないのもポイントになります。例えばテンポは少し速くなりますが、M.C.ハマーが1990年にリリースした大ヒット曲「U Can't Touch This」のリズムをイメージすると良いでしょう。「2拍4拍打ち」のリズムとアンサンブルすることで、さらに臨場感が得られるでしょう。

【体内メトロノーム】トレーニング7
4拍子でパンパパウパ!に挑戦!

> 2段を続けてやるのが大変な場合は、まずは1段ずつやっていきましょう

応用トレーニング3
●1小節目と2小節目のスピード感の違いに注意!
track24 time 0:33〜

　パ(ン)!と(ウ)パ!が混在したエクササイズです。1小節目と2小節目、どちらも実際の曲の中でよく出てくるリズムですが、1小節目と2小節目ではフレーズのスピード感が変わりやすくなるので注意してください。1小節目は「2」と「4」の数字をハッキリ歌うことで、「1、2、3、4」の流れにシャープにノッていくことが大切です。

[体内メトロノーム] トレーニング7
4拍子でパンパパウパ!に挑戦!

応用トレーニング4
●ウパとウン!の部分が安定感のポイント

track25 time 0:00〜0:15

　2小節目は実際の曲の中でもよく出てくるリズムですが、なかなか一定の流れを保ちづらい譜割りになります。「2」「4」を大きな声でカウントしながら練習することがリズムの安定感のポイントになるでしょう。特に2小節目の4拍目を強く意識することで、1小節目の1拍目の「ワン」に戻る勢いが感じられると良いでしょう。偶数拍のみ手拍子を叩く「2拍4拍打ち」とアンサンブルするのも効果的です。

【体内メトロノーム】トレーニング7
4拍子でパンパパウパ!に挑戦!

> 難しいパターンは「トレーニング」と思うのではなく、「ゲーム」をしている感覚で楽しんで挑戦しましょう!

応用トレーニング5
●3回連続するウパパパ!が特徴的なリズム
track25 time0:17〜0:31

　1小節目の1拍目と2拍目のパ(ン)!に対して、その後は(ウ)パパパ!を3回連続して叩くエクササイズです。例えばイギリスのロック・バンド、ローリング・ストーンズの代表曲「ジャンピン・ジャック・フラッシュ」のギターのリフなどをイメージして練習するのも良いでしょう。最初のパ(ン)!パ(ン)!を叩く時にも、頭の片隅でその後の(ウ)パパパ!の間合いが感じられるようになってくると、リズムをスムーズに移り変われるでしょう。

【体内メトロノーム】トレーニング7
4拍子でパンパパウパ!に挑戦!

　パ(ン)!と(ウ)パ!を交互に叩くパターンです。最後の2拍以外は、手拍子の1打に対して休みの間合いが2つ並ぶ、3個のグループ(パンウorパウン)で展開していることに気づきましたか？　このような譜割りは実際の曲の中でよく出てくるものですが、そのような時にも基本の拍子を見失わないことが、安定したリズムが保てる秘訣になります。4分音符を叩くトレーニング3の応用1(4分打ち)とアンサンブルするのも良い練習方法です。

【体内メトロノーム】トレーニング7
4拍子でパンパパウパ！に挑戦！

手拍子が2連打、続く「ウ」や「ン」で記した休みが1回という、3個のグループで展開するリズムが基本になります。実際の曲でもよく出てくるリズムですが、手拍子に惑わされて頭の中で3拍子のように感じてしまうケースが多いので注意してください。あくまで基本となる4拍子を見失わないことが肝心です。

トレーニング裏ワザ：音源を右のスピーカーのみorヘッドフォンの右側だけ聞いて、手拍子のみの音に合わせてカウントしてみた時、手拍子とズレないでカウントできますか？

4拍子でパンパパウパ!に挑戦!

[体内メトロノーム] トレーニング7

> 慣れたら、徐々にテンポを上げてみましょう

応用トレーニング8
●ボサノバ系の心地よいリズムにチャレンジ!

track26 time0:16〜0:31

　ブラジル生まれのリズムであるボサノバを意識した手拍子です。2小節で1セットとなるゆったりとした特有な流れのリズムを意識しながら練習できると良いでしょう。47ページの応用トレーニング1とアンサンブルするといっそうの臨場感が得られると思います。

【体内メトロノーム】トレーニング7
4拍子でパンパパウパ!に挑戦!

> 慣れたら、徐々にテンポを上げてみるとサンバ感が強まりますよ

応用トレーニング9
●ウパがいっぱい出てくるサンバのリズムを叩こう！

track26 time 0:32～0:47

　ブラジル生まれのサンバを意識した手拍子です。(ウ)パ!というウラ拍を多用しているのが躍動感のポイントですが、それゆえに安定したリズムを刻むのが難しいパターンです。遅いテンポからじっくりと練習してノリをつかんでいけば、この手拍子だけでも十分にサンバ的な高揚感を味わえるでしょう。47ページの応用トレーニング1の譜例とアンサンブルするのもお薦めです。

【体内メトロノーム】トレーニング7
4拍子でパンパパウパ!に挑戦!

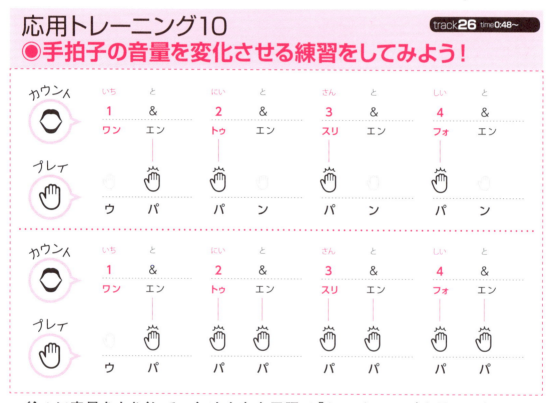

下の段はだんだん音を大きくして手拍子してみましょう!

応用トレーニング10
●手拍子の音量を変化させる練習をしてみよう!

track26 time 0:48〜

　徐々に音量を大きくしていくことを音楽用語で「クレッシェンド」と言います。このエクササイズでは手拍子を2小節目(2段目)からクレッシェンドしていきましょう。実際の曲の中でもよくあるシチュエーションですが、このような場合はテンポが速くなったり遅くなったりしやすいものです。このエクササイズでは手拍子の音量は次第に大きくなっていっても、「カウントはあくまで冷静に一定の声量で歌う」ということを意識してやってみましょう。

コラム02

もっともっとリズム感を良くするために！
時計のゲーム

　タイム感をゲーム感覚でチェックしたり、鍛える方法はいろいろあります。その定番は時計やストップ・ウォッチを使って、**「画面を見ずに時間を計る」**というもの。まず画面を10秒くらい目で確認して、1秒のサイクルを記憶。その後は画面を見ずに30秒や1分間など、任意で決めた時間を頭の中で計測して、タイム感覚の正確さを確認するのです。遊び感覚ですが、**集中力の鍛錬**と同時に、自分のタイム感が速くなりやすいのか遅くなりやすいのかなど、**自分のリズムの癖を知るのにも良い方法**です。ぜひ「1&、2&〜」などとカウントしながら取り組んでほしいと思います。ちなみにメトロノームを1秒に1回鳴らす場合は「60」という表示を選びます。メトロノームの数字の単位はbpmですが、それは「Beats Per Minuet」の略で、「1分間に拍を何回打つか」を表しています。

　そういえば最近の電子メトロノームにはタップ機能という「曲のテンポを計る機能」がついています。試しに自分のリズム感で一定のテンポをタップしてみて、どれくらいの精度で均等な値が表示されるかをチェックしてみるのも良いですね。

　他にも①カウントをしながら音楽を聴く、②ランダムな場所でボリュームを0にする、③自分のカウントは継続、④再びボリュームを上げた時に自分のカウントと音楽のリズムがズレていないかをチェック！……なんてこともよくやりました。これはピッタリ合わせるのは意外に難しいですし、自分の苦手な曲調やテンポがバレたりもしますよ。上手にやるコツは、カウントをしつつも、同時に曲のメロディなどをイメージしてみることでしょう。最初は2〜4小節くらいの短いサイクルだけボリュームを0にすることから始めて、慣れたらボリュームを0にする時間を8小節〜12小節と次第に伸ばしてトライしてみてください。

「まとめトレーニング」で1ページの長いパターンを何回も繰り返してみましょう！

まとめトレーニング①

track27

「1,2,3,4」のカウントを歌いながら童謡「春の小川」の歌のリズムで手拍子するエクササイズです。
「はーるのおがわは〜」をイメージしながら手拍子してみてください。

※この1ページのパターンを何回も繰り返しましょう。

まとめトレーニング② track28

「1＆、2＆、3＆、4＆」のカウントを歌いながら童謡「春が来た」の歌のリズムで手拍子するエクササイズです。「はーるがきーたー〜」をイメージしながら手拍子してみてください。

※この1ページのパターンを何回も繰り返しましょう。

まとめトレーニング③

track29

「1&、2&、3&、4&」のカウントを歌いながら4小節の手拍子をするエクササイズです。童謡「おもちゃのチャチャチャ」のようなリズムをイメージしながら手拍子してみてください。

※この1ページのパターンを何回も繰り返しましょう。

まとめトレーニング④

track30

「1&、2&、3&」のカウントを歌いながら童謡「赤とんぼ」の歌のリズムで手拍子する4小節のエクササイズです。ゆったりとした3拍子を意識して練習してください。

※この1ページのパターンを何回も繰り返しましょう。

まとめトレーニング⑤   track31

「1＆、2＆、3＆」のカウントを歌いながら3小節の手拍子をするエクササイズです。童謡「ぞうさん」のようなリズムをイメージしながら手拍子してみてください。

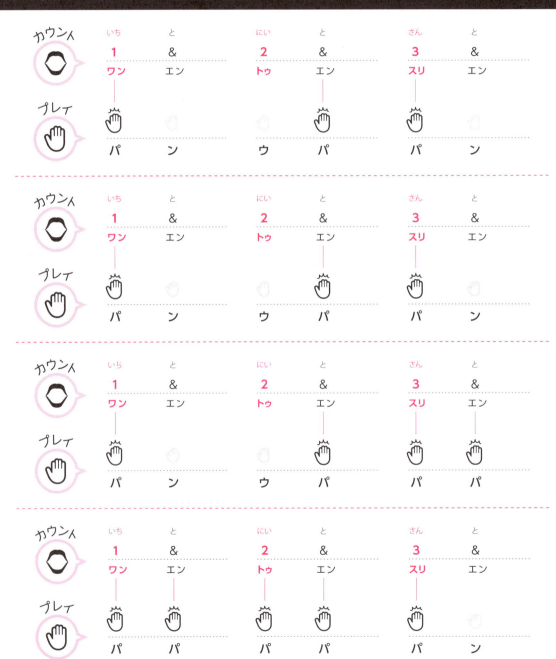

※この1ページのパターンを何回も繰り返しましょう。

まとめトレーニング⑥

track32

イギリスのロック・バンド、ディープ・パープルの大ヒット曲「スモーク・オン・ザ・ウォーター」のギターのリズムをイメージしたエクササイズ。休みを正確に感じることがポイントになります。

※この1ページのパターンを何回も繰り返しましょう。

まとめトレーニング⑦

track33

アメリカのロック・バンド、ドゥービー・ブラザーズの代表曲「チャイナ・グローヴ」のギターのリズムをイメージしたパターンです。手を叩かない間も8分音符の流れを継続して感じることが重要です。

※この1ページのパターンを何回も繰り返しましょう。

まとめトレーニング⑧

track 34

ラテン・ロック系ギタリスト、サンタナのヒット曲「オエ・コ・モバ」に出てくるリズムをイメージしたもの。
ラテンの力強いニュアンスを大切にしつつ、浮ついたリズムにならないように要注意。

※この1ページのパターンを何回も繰り返しましょう。

まとめトレーニング⑨ 〔track35〕

ロック・バンド、ザ・ナックの大ヒット曲「マイ・シャローナ」のリズムを参考にしたもの。4分音符と8分音符を叩き分ける良い練習になります。慣れたら次第にテンポを上げて挑戦してみましょう。

※この1ページのパターンを何回も繰り返しましょう。

まとめトレーニング⑩

track36

「1&、2&、3&、4&」のカウントを歌いながら、コニー・フランシスの大ヒット曲「バケーション」の冒頭の歌と演奏のリズムをイメージして手拍子するエクササイズです。

コラム03

もっともっとリズム感を良くするために！
合奏してみよう

　本書のエクササイズを、バンド、吹奏楽、ダンス・チームなど、数人で同時にやると、4分音符の感覚を共有しながらアンサンブル（合奏）する力を養う効果があります。シンプルで基本的なパターンとバリエーション的なパターンの2グループに分かれて練習するのも効果的ですね（**譜例1**）。慣れてきたら、2小節ごとに違うパターンに変えたり（**譜例2**）、片方はパ(ン)パ(ン)パ(ン)パ(ン)のみで片方がパターンを変えていくなど（**譜例3**）、工夫して発展させると楽しく練習できるでしょう。ポイントはカウントの声を全員で揃えること。その上でお互いの手拍子の音をよく聴き合って合奏しましょう。ちなみにパパパパ(4拍子)や(ウ)パ(ウ)パ(2拍4拍)のリズムは、ほとんどのエクササイズと合わせてアンサンブルできるはずです。

※難しい場合は、一方はカウントだけ、もう一方は手拍子だけを担当するような簡単な合奏からやってみましょう。

パパパ!の「体内メトロノーム」を身につけよう

～パパパ＝3連符～

この2つのカウントでやってみよう

パパパの4拍子：1＆d、2＆d、3＆d、4＆d
パパパの3拍子：1＆d、2＆d、3＆d

【体内メトロノーム】トレーニング8
4拍子でパパパ!を叩こう!

1拍で3つ数える「1&d、2&d、3&d、4&d」という4拍子のカウントに合わせてパパパ!と手を叩くエクササイズです。このような音符（1拍で3つ）を3連符と呼びますが、クラシックはもちろん、ジャズやブルース、R&Bやダンス音楽などでも非常に重要な音符です。

慣れないと感覚をつかむのは難しいのですが、「ノリの良い人は3連符が上手い」というのがプロ・ミュージシャンの間では定説になっています。躍動的なリズム感を習得するためにはとても大切なリズムになります。遅いテンポから確実に間合いを体に染み込ませるようにカウントを歌って練習してください。

【体内メトロノーム】トレーニング8
4拍子でパパパ!を叩こう!

「**1**＆d、**2**＆d、**3**＆d、**4**＆d」というカウントに合わせて、数字の箇所だけパ（ウン）！と手拍子するエクササイズです。数字の後の"エン・ダ"のカウントをしっかり自分で聴くことで、3連符の流れをしっかり汲み取りながら手拍子していきましょう。

【体内メトロノーム】トレーニング8
4拍子でパパパ!を叩こう!

応用トレーニング2
●「ワン」と「スリ」のタイミングでパを叩く！

track38 time0:16〜0:26

「1&d、2&d、3&d、4&d」というカウントに合わせて1拍目と3拍目にパ（ウン）！と手拍子するエクササイズです。大きな2カウントずつのサイクル（1〜2拍の2カウント　3〜4拍の2カウント）を間延びしないように意識するために、手拍子を叩いていない拍になる「2」と「4」のカウントを強く意識することが重要です。

【体内メトロノーム】トレーニング8
4拍子でパパパ!を叩こう!

　「1&d、2&d、3&d、4&d」というカウントに合わせて2拍目と4拍目にパ(ウン)!と手拍子するエクササイズです。何度か述べたように2拍4拍はポピュラー・ミュージックではアフター・ビートやバック・ビートと呼ばれ、アクセントが強調される拍です。この3連符での2拍4拍は、特にジャズやブルースなどのリズムの基本となる躍動的なイメージになります。

【体内メトロノーム】トレーニング8
4拍子でパパパ!を叩こう!

難しいものは、音源のカウントに合わせて「手拍子だけ」からやってみましょう!

「1&d、2&d、3&d、4&d」というカウントに合わせて1拍目だけパパパ!と手拍子、残りの3拍は数字の箇所だけパ(ウン)!と手を叩くエクササイズです。最初のパパパ!の3連打のイメージを、2拍目以降でもしっかり保ちつつ、全体的に3連符のノリを継続できるかどうかがポイントになります。

【体内メトロノーム】トレーニング8
4拍子でパパパ!を叩こう!

「1&d、2&d、3&d、4&d」というカウントに合わせてパパパパ（ウン）!と4連打の手拍子をするエクササイズです。パパパ!とパ（ウン）!の間合いがきちんと同じ長さに感じられるように、キレ良くカウントを歌ってください。ともすると2拍と4拍の間合いが短くなりやすいので要注意です。

【体内メトロノーム】トレーニング8
4拍子でパパパ!を叩こう!

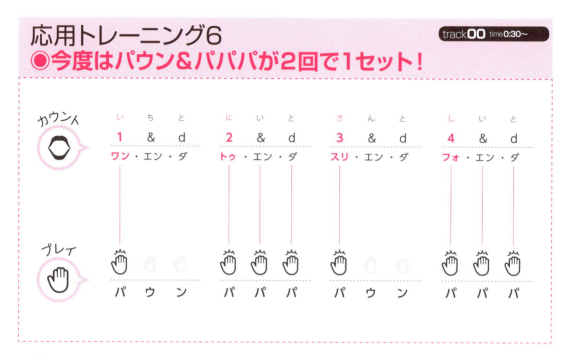

「1&d、2&d、3&d、4&d」というカウントに合わせてパ(ウン)パパパ!と手拍子を入れるエクササイズです。繰り返し叩いていくと、2拍目と4拍目から始まる4連打の手拍子に感じられると思います。その時に最初の3つのパパパ!で次のパ(ウン)!を呼び込むようなイメージで、滑らかに循環するリズムの流れを表現できると良いでしょう。

【体内メトロノーム】トレーニング9
3拍子でパパパ!を叩こう!

　「1＆d、2＆d、3＆d」のカウントで3拍子の流れを感じながら、手をパパパ!と叩いていきます。ジャズのワルツやスロー・ブルースなどにも共通するリズムのフィーリングを含んでいますが、「1拍ごとのパパパ!」と「大きな1、2、3のカウントの流れ」が上手く交わると、丸みを帯びた心地よいゆったりとしたリズムが感じられると思います。
　3カウント目の「3＆d」を他よりも少し強調するような気持ちで歌って、「1」への戻りを促してみるのも良いでしょう。

【体内メトロノーム】トレーニング9
3拍子でパパパ!を叩こう!

　「1＆d、2＆d、3＆d」のカウントで3拍子の流れを感じながら、数字の箇所でパ(ウン)!と手拍子をしていきます。基本トレーニングと同様、丸みを帯びたゆったりとしたリズムのサイクルを意識できるように練習していきましょう。今回の手拍子パターンはシンプルなので、慣れてきたらテンポをやや速くして練習するのも良いでしょう。

【体内メトロノーム】トレーニング9
3拍子でパパパ!を叩こう!

難しいトレーニングは、音源のカウントに合わせて「手拍子だけ」からやってみましょう!

応用トレーニング2
● 1、3拍目はパ、2拍目だけパパパを叩く!

track41 time 0:13〜0:22

　「1＆d、2＆d、3＆d」のカウントで3拍子の流れを感じながら、パ(ウン)!とパパパ!の手拍子を混ぜていきます。2拍目からの手拍子を4連打に感じて、滑らかに3拍目へと流れを導ければ心地よいリズム感が得られるでしょう。これはジャズ・ワルツなどでよく使われるリズムでもあります。

【体内メトロノーム】トレーニング9
3拍子でパパパ!を叩こう!

> 慣れたら「パパパ、パウン×2」で1セットにもチャレンジしてみましょう

応用トレーニング3
●パウン×2、パパパで1セットのエクササイズ!

track42 time 0:00～0:10

　「1＆d、2＆d、3＆d」のカウントで3拍子の流れ感じながら、パ（ウン）!とパパパ!の手拍子を混ぜていきます。3拍目のパパパ!で1拍目のパ!のタイミングを心地よく誘う……そんな気持ちで練習してみましょう。このリズムもひとつ前の応用トレーニング2と同様、ジャズ・ワルツなどでよく使われます。

【体内メトロノーム】トレーニング9
3拍子でパパパ!を叩こう!

　「1＆d、2＆d、3＆d」のカウントで3拍子の流れを感じながら、パ（ウン）!とパパパ!の手拍子を混ぜていきます。2拍目だけがパ（ウン）!と手拍子が少なくなりますが、この手を叩かない箇所の「エン・ダ」のカウントをキレよく歌えると安定感が増します。音を「叩くところ」ではなく、「叩かないところ」を意識の中で強調できると、リズム感は研ぎ澄まされていくのです。

コラム04

もっともっとリズム感を良くするために！
シンコペーションを知ろう！

　リズムには強い拍と弱い拍があります。ポピュラー音楽で8分音符を演奏する場合、拍のアタマを強く、拍のウラを弱く感じるリズムが多いのですが、あえて部分的に逆転させてウラ拍を強くする場合もあります（**譜例1**）。その手法がシンコペーション。リズムに緊張感や躍動感が加わります。譜面ではタイと呼ばれる弧線で2つの音符が結ばれ、ウラ拍から次の拍（強拍）まで音を伸ばす表記になります（**譜例2**）。シンコペーションはウラ拍の強調に加えて音を伸ばす間合いを正確に感じる必要もあるため、リズムを一定に保つのが難しくなります。ウラ拍の音が伸びている間も、気持ちでは4分音符を一定に感じて基本的なリズムの流れをしっかり継続することが大切です。それには本書のウラ拍を叩くエクササイズが役に立つでしょう。例えば**譜例3a**のようなエクササイズを、**譜例3b**のようにシンコペーションしたイメージで感じながら取り組むのも良いでしょう。

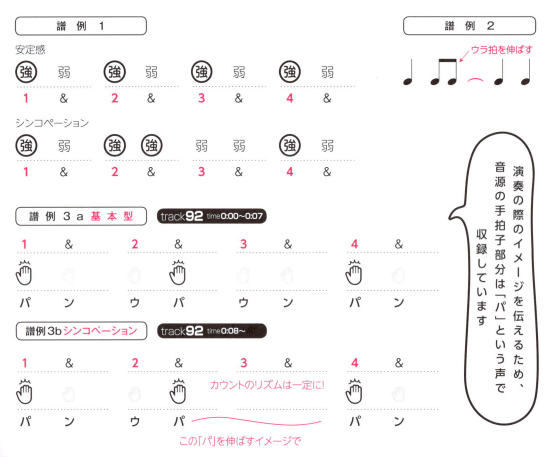

88

【体内メトロノーム】トレーニング 10
4拍子でウンパ!を叩こう!

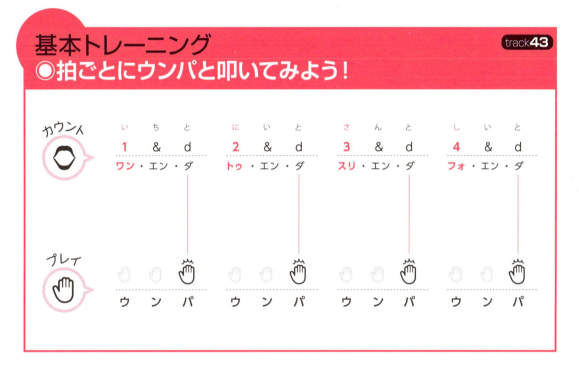

　「1＆d、2＆d、3＆d、4＆d」のカウントを歌いながら、(ウン) パ!という音を手で叩いてみましょう。手はカウントの「d（ダ）」と重なりますが、これは3連符のウラ拍と呼ばれるタイミングで、3連符の流れを習得するための大切なポイント（音符）です。
　これをノリ良く叩くためには、パから直後の数字への間合いを明確に感じましょう。例えば頭の中では「パ1、パ2、パ3、パ4」というイメージでリズムをとらえるのも良い方法です。文章でいうと句読点の位置を変えるような感じになりますが、このような考え方ができるようになるとリズムの感覚はグッと研ぎ澄まされるものです。

【体内メトロノーム】トレーニング10
4拍子でウンパ!を叩こう!

> 難しいトレーニングは、音源のカウントに合わせて「手拍子だけ」からやってみましょう!

応用トレーニング1
●1拍目と3拍目でウンパを叩こう!

track44 time 0:00〜0:12

　「1＆d、2＆d、3＆d、4＆d」のカウントを歌いながら、1拍目と3拍目で(ウン)パ!という手拍子をするエクササイズです。基本トレーニングで述べたように、「1・パ2・3・パ4」のようなイメージでリズムを取れるのが理想です。そうするためにはバック・ビートでもある2拍と4拍の位置を強く意識しながら手拍子することがポイントになります。

【体内メトロノーム】トレーニング10
4拍子でウンパ!を叩こう!

　「1&d、2&d、3&d、4&d」のカウントを歌いながら、(ウ)パ(ン)!というタイミングで手拍子するエクササイズです。このタイミングは3連符の中でも、特にリズムが正確にとらえにくいもの。それゆえに会得できれば、3連符のリズムの理解をかなり深めることができます。手拍子を叩かない「数字とダの箇所」を意識して、カウントにノッていくことが習得のコツとなります。

【体内メトロノーム】トレーニング10
4拍子でウンパ!を叩こう!

　「1＆d、2＆d、3＆d、4＆d」のカウントを歌いながら（ウ）パパ!というタイミングで手拍子するエクササイズです。叩く時は、「1パパ、2パパ〜」というように数字の直後にパパが付く流れでとらえるのではなく、パパの直後に数字が付くととらえて、「パパ2、パパ3〜」というイメージで取り組んだほうがリズムの流れが良くなります。遅いテンポから練習してください。

【体内メトロノーム】トレーニング10
4拍子でウンパ!を叩こう!

　「1＆d、2＆d、3＆d、4＆d」のカウントを歌いながら、パパ(ン)!と手拍子するエクササイズです。これもノリをつかみにくい難度の高いリズムのひとつと言えます。音を叩かない箇所の「ダ」のカウントの声をよく聴きながらリズムを感じると安定しやすいでしょう。

　このパターンに心地よくノレるようであれば、3連符のリズムにかなり慣れてきたといえます。

【体内メトロノーム】トレーニング10
4拍子でウンパ!を叩こう!

> 慣れたら、「2拍目と4拍目でパンパ」もやってみましょう

応用トレーニング5
●1拍目と3拍目でパンパを叩こう!

track**45** time 0:16〜0:26

「1＆d、2＆d、3＆d、4＆d」のカウントを歌いながら、1拍目と3拍目でパ(ン)パ!というタイミングの手拍子を入れるエクササイズです。パ(ン)パ!は跳ねたようなリズムのフィーリングを出すための重要な譜割りです。手拍子が入らない2拍目と4拍目を、手前の手拍子によって滑らかに呼び込むようなイメージで練習してください。このパターンを2拍目と4拍に手拍子が入るパターンとアンサンブルするのも良い練習になりますよ。

【体内メトロノーム】トレーニング10
4拍子でウンパ!を叩こう!

「1&d、2&d、3&d、4&d」のカウントを歌いながら、パ(ン)パ!という手拍子を叩くエクササイズです。これは「シャッフル」と呼ばれるハネた(跳ねた)リズムを構成する基本音型で、ハネたリズムをマスターする上での重要なパターンとなります。このエクササイズも拍の頭からパ(ン)パとリズムを感じるよりも、ウラ拍(d)から拍のアタマ(数字)のカウントを呼び込むようなイメージでリズムをとらえたほうが躍動感を出しやすいでしょう。

【体内メトロノーム】トレーニング11
3連符のパウン!やウンパ!の組み合わせ!

基本トレーニング
◉基本的なパウンとウンパの組み合わせ例

track46

　「1＆d、2＆d、3＆d、4＆d」のカウント（3連符）を歌いながらパ（ウン）!や（ウン）パ!などを組み合わせたリズムを叩く応用エクササイズです。この基本譜例は「1」と「3」で叩くパ（ウン）!の大きなサイクルに、（ウン）パ!を挟んでリズムに勢いをつけるイメージです。

　手を叩いていない「2」や「4」のカウント部分もしっかり意識して、基本となる「1〜、2〜、3〜、4〜」という4拍子の流れを力強く感じながれ取り組めると良いでしょう。

　複数でアンサンブル練習する場合は、「2」と「4」でパ!を叩く譜例と合奏すると効果的です。

【体内メトロノーム】トレーニング11
3連符のパウン!やウンパ!の組み合わせ!

難しいトレーニングは、音源のカウントに合わせて「手拍子だけ」からやってみましょう!

応用トレーニング1
●パウン&パンパが2回で1セット！
track47 time 0:00〜0:12

「1＆d、2＆d、3＆d、4＆d」のカウントを歌いながら、パ(ウン)パ(ン)パ!と手拍子するエクササイズです。これはドラマーがスウィング・ジャズを演奏する際の「シンバル・レガート」と呼ばれるシンバルのリズムを想定した手拍子になっています。特にジャズのスウィング感を習得したい人は、じっくりと取り組んでください。慣れたら2拍と4拍で手拍子をやや強めに叩くと、ノリを一層感じやすいと思います。

【体内メトロノーム】トレーニング11
3連符のパウン!やウンパ!の組み合わせ!

　「1＆d、2＆d、3＆d、4＆d」のカウントを歌いながら、パ(ウン)(ウ)パパ!と手拍子するエクササイズです。偶数拍のパパ!の2連打で、奇数拍のアタマのパを呼び込むようなイメージで演奏してみましょう。このパターンは実際の曲でもよく出てくるのですが、テンポが速くなりやすいので注意してください。1拍目と3拍目のカウントから意識をそらさないよう取り組むと良いでしょう。

3連符のパウン!やウンパ!の組み合わせ!

【体内メトロノーム】トレーニング11

応用トレーニング3
●2〜3拍目のウンパのタイミングは正確に！

track47 time0:30〜

　「1＆d、2＆d、3＆d、4＆d」のカウントを歌いながら、2拍目と3拍目に（ウン）パ！という手拍子をするエクササイズです。実際の曲でもよく出てくるパターンですが、ウラの音符（2拍目と4拍目のパ）のタイミングが速くなりやすいので注意してください。「3」と「4」のカウントを冷静に歌えるように意識して、その直前にウラ拍の手拍子を叩くイメージで練習すると良いでしょう。

【体内メトロノーム】トレーニング11
3連符のパウン!やウンパ!の組み合わせ!

　「1＆d、2＆d、3＆d、4＆d」のカウントを歌いながら、ひとつおきのタイミングで手拍子するエクササイズです。このようなリズムを「2拍3連符」と呼びます。2拍の流れの中に大きな3連符が含まれる構造になっています。実際の曲でもよく出てくるリズムですが、正確にとらえるのはなかなか難しいでしょう。「1、2、3、4」という1小節の流れを感じながら、同時にその中に出てくる大きな3連符の音（1小節に2回）を聴き取れるようになるのが目標です。

【体内メトロノーム】トレーニング11
3連符のパウン!やウンパ!の組み合わせ!

慣れたら、徐々にテンポを上げてみましょう

応用トレーニング5
●アフリカの高揚感あふれるリズムを手拍子で!

track48 time 0:16〜

「1＆d、2＆d、3＆d、4＆d」のカウントを歌いながら、いろいろなタイミングの手拍子を混ぜるエクササイズです。これはアフリカのリズムの音型を意識した流れになっており、慣れればこの手拍子だけでも十分にリズミカルで楽しい高揚感が得られるはずです。アフリカのリズムは、ジャズやロック、R＆Bなどはもちろん、サンバ、レゲエ、サルサといったワールド・ミュージックのリズムの大元にもなっています。この手拍子を練習してリズムの根源を感じてみましょう。

【体内メトロノーム】トレーニング12
2小節1セットで3連符のパウン!やウンパ!

基本トレーニング
◉2小節1セットのエクササイズに挑戦してみよう!

track49

2小節(2段)1セットで何回も繰り返します(以下同様)

　「1＆d、2＆d、3＆d、4＆d」のカウント(3連符)を歌いながらパ(ウン)!や(ウン)パ!などを組み合わせたリズムを叩く応用エクササイズのパート2で、少し長めのフレーズ(2小節)です。基本トレーニングはパ(ウン)!の流れから、2小節目でウラ拍で手拍子する(ウン)パ!を絡めています。これは一般的な曲の中でもよくあるリズムですが、2小節目でテンポが速くなりやすいので注意してください。手を叩かない1小節目の「4」や2小節目の「3」の間合いをしっかり意識することがポイントです。本エクササイズは、まずカウントの正確さを重視して取り組んでみましょう。

2小節1セットで3連符のパウン！やウンパ！

【体内メトロノーム】トレーニング12

　2小節目のパターンは、実際の曲の中でもよく出てくるものですが、タイミングが速くなりやすいので注意が必要です。その原因の多くは2小節目の2拍目のカウントを急いでしまうこと。それにつられて3〜4拍目の間合いも短くなってしまうのです。1小節目の3〜4拍目と2小節目の3〜4拍目を同じフィーリングで意識できるように練習してみましょう。

【体内メトロノーム】トレーニング12
2小節1セットで3連符のパウン!やウンパ!

1小節目のジャズのスウィングのリズムから、2小節目に変化を加えるエクササイズです。1小節目の滑らかなリズムの流れを途切れさせずに、2小節目のリズムを叩きましょう。2拍と4拍の手拍子をやや強めに叩くと一定のノリを継続しやすいと思います。

【体内メトロノーム】トレーニング12
2小節1セットで3連符のパウン!やウンパ!

1小節目の4拍目から(ウン)パ!が3回連続する手拍子になっています。この部分でテンポが速くならないように注意して練習してください。例えばスティーヴィー・ワンダーのヒット曲、「パートタイム・ラヴァー」のリズムなどをイメージすると躍動感をつかみやすいでしょう。黒人音楽で有名なモータウン・レーベルで生まれたシャッフル・パターンの代表的なものになります。

【体内メトロノーム】トレーニング12
2小節1セットで3連符のパウン!やウンパ!

応用トレーニング4
●ニューオリンズ系の躍動感あるリズムを叩こう!

track51 time 0:00〜0:15

　パ(ウン)!と(ウン)パ!の手拍子が混在したエクササイズです。ジャズの発祥の地であるニューオリンズの「セカンド・ライン」と呼ばれるリズムを意識しています。飛び跳ねて踊るような躍動感を感じながら手拍子ができる良いでしょう。手拍子を叩かない2小節目の4拍目のカウントを強く意識すると、大きな流れをとらえやすくなると思います。

【体内メトロノーム】トレーニング12
2小節1セットで3連符のパウン!やウンパ!

　1小節目は4分音符のタイミングで手拍子を叩き、2小節目ではパ(ン)パ(ウ)パパ!に変化するエクササイズです。1小節目でしっかりと3連符のリズムの流れを作り、それを崩さないように2小節目に移行するのがポイントになります。2小節目はゆったりと大きな流れを感じさせるリズムになっていますが、それに惑わされてリズムがくずれないように注意してください。

【体内メトロノーム】トレーニング12
2小節1セットで3連符のパウン!やウンパ!

> 慣れたら、徐々にテンポを上げてみましょう

応用トレーニング6
●軽快なジャズのリズムにチャレンジしよう!

track**51** time**0:38〜**

　ジャズのスキャットのような軽快なリズムで手拍子するエクササイズです。ドラムのフレーズでいうと、ベニー・グッドマン楽団で有名な「シング・シング・シング」のリズムのようなイメージです。こういったリズムのことを「ジャングル・ビート」などと呼ぶ場合もあります。

【体内メトロノーム】トレーニング12
2小節1セットで3連符のパウン!やウンパ!

　1小節目は3連符を連続してパパパ!と叩き、続く2小節目では1打おきに手拍子を叩く2拍3連符へと移行するエクササイズです。2拍3連符になっても基本の3連符のリズムの流れを維持できるかどうかがポイントになります。数字のところで手拍子を打たない2小節目の2拍目と4拍目のカウントをしっかり感じながら練習してください。

【体内メトロノーム】トレーニング12
2小節1セットで3連符のパウン!やウンパ!

応用トレーニング8
●今度の2小節目はウパン&パンパ×2のリズム!
track52 time0:19〜0:34

　1小節目は4分音符のタイミングで手拍子を叩いて、2小節目は3連符の2音目から1打おきに手拍子を叩くエクササイズです。この2小節目のリズムは俗に2拍3連符のウラなどと呼ばれますが、実際の曲の中でもよく出てきます。カウントの数字と手拍子が揃う2拍目と4拍目で安定感を出せると良いでしょう。

【体内メトロノーム】トレーニング12
2小節1セットで3連符のパウン!やウンパ!

　パ(ウン)!とパパパ!という手拍子を混ぜたエクササイズで、水戸黄門の主題歌のリズムなどをイメージしてみてください。パパパ!から次の拍のアタマのパ!に繋がる4連打をスムーズに感じること、そしてパ(ウン)!の時も3連符のイメージをキープすることがポイントになります。

【体内メトロノーム】トレーニング12
2小節1セットで3連符のパウン!やウンパ!

応用トレーニング10
●3連符の流れで4音グループを叩くポリリズム！

track52 time0:56〜

　アフリカのリズムの発展型です。2小節目は少しわかりづらいパターンですが、3打連続する手拍子に1打分の休みを加えた4音のまとまりを繰り返しています。つまり3連符の中に4音のサイクルが組み込まれていて、2種類のリズムが同時進行しています。そのようなリズムをポリリズムと呼びます。アフリカのリズムではよく使われる手法で、リズム・トレーニングとしても最適です。続けて叩くのが大変な場合は、まず2小節目のみを繰り返す練習から始めてみると良いでしょう。

※この1ページのパターンを何回も繰り返しましょう。

まとめトレーニング⑪

track 53

「1&d、2&d、3&d、4&d」のカウントを歌いながら、童謡「雪」をイメージしたリズムで手拍子するエクササイズです。「ゆ～きやこんこ～」をイメージしながら手拍子してみてください。

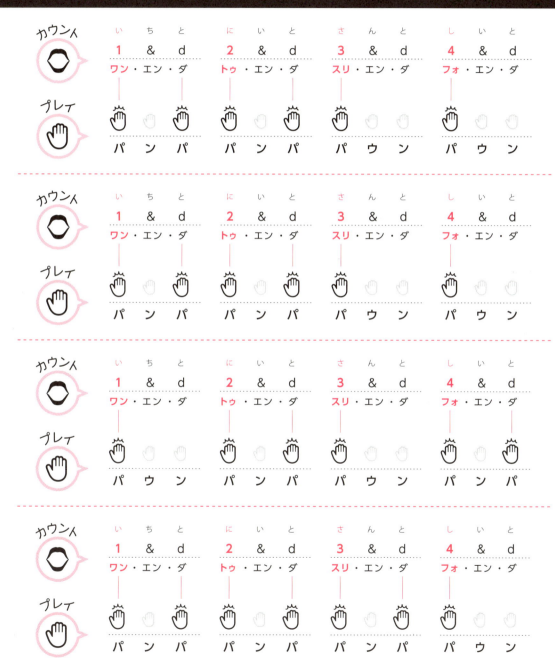

※この1ページのパターンを何回も繰り返しましょう。

まとめトレーニング⑫

track**54**

童謡「線路は続くよどこまでも」のようなリズムで手拍子をするエクササイズです。ちなみに「線路は続くよどこまでも」の原曲はアメリカの民謡で、リズムにはジャズの影響も感じられます。

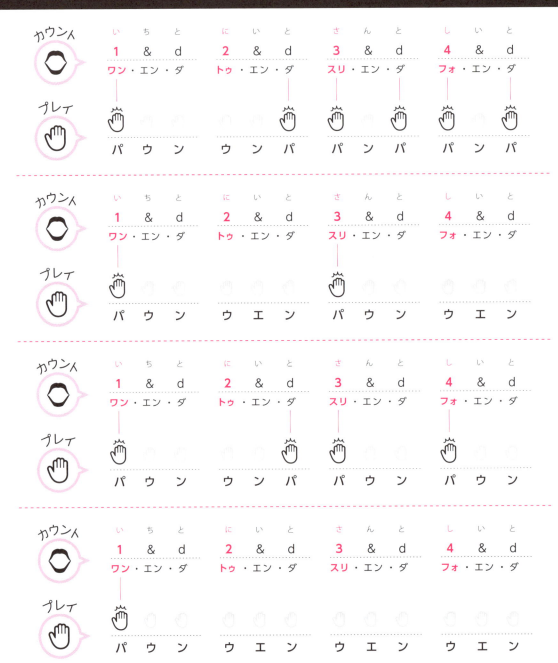

※この1ページのパターンを何回も繰り返しましょう。

まとめトレーニング⑬

track 55

スティーヴー・ワンダーの代表曲「可愛いアイシャ」のリズムをイメージしたエクササイズ。前半はハネたリズムであるシャッフルのパターンを想定、後半は節目のパターンを参考にしたものです。

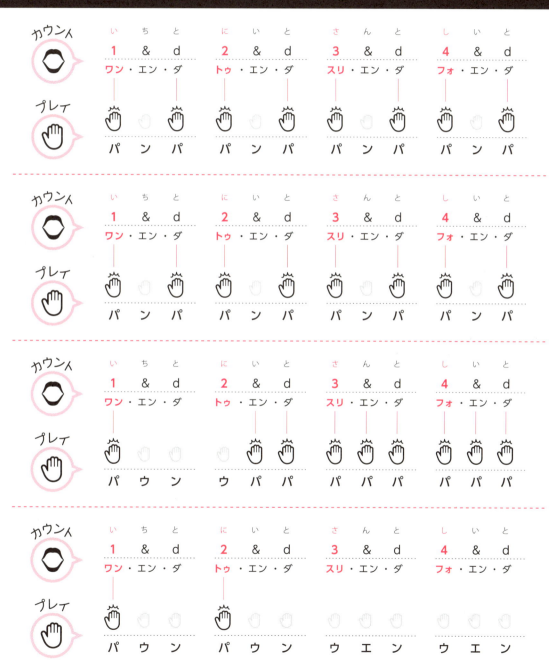

※この1ページのパターンを何回も繰り返しましょう。

まとめトレーニング⑭ track56

ディープ・パープルの「ブラック・ナイト」に出てくるリズムなどをイメージしたもの。弾むシャッフルのリズムを感じながら軽快に手拍子しましょう。後半の長い休みをしっかりと感じることも重要です。

もっと細かいカウントの「体内メトロノーム」を身につけよう

～パパパパ＝16分音符～

このカウントでやってみよう

パパパパの4拍子：1e＆d、2e＆d、3e＆d、4e＆d

【体内メトロノーム】トレーニング13
4拍子でパパパパ!を叩こう!

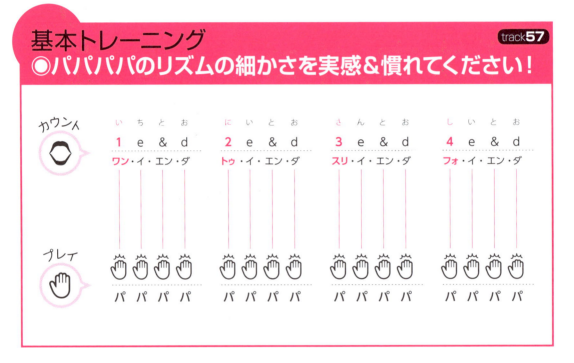

基本トレーニング　track57
◉パパパパのリズムの細かさを実感&慣れてください!

　「1e&d、2e&d、3e&d、4e&d（ワン・イ・エン・ダ、トゥ・イ・エン・ダ、スリ・イ・エン・ダ、フォ・イ・エン・ダ）」というカウント（16分音符）を歌いながらパパパパ!と手拍子を叩くエクササイズです。R&Bやダンス系の音楽などの基本のリズムとなる16ビートのフィーリングを含んでいます。これまでよりもリズムが細かくなりますから、手拍子や片手だけで叩いている方は、無理のないゆっくりとしたテンポで取り組んでください。もしもやや速めのテンポに挑戦する場合は、右左交互の手でももなどを叩くのも良いでしょう（パパパパを右左右左と叩く）。数字の後の「e&d」がスムーズに言えて繋がるように意識することもポイントです。

【体内メトロノーム】トレーニング13
4拍子でパパパパ!を叩こう!

これまで以上に「キレ良く叩く」という意識を持って叩くと良いでしょう。

2拍目と4拍目で手拍子をパ(ンウン)!と叩くエクササイズです。

【体内メトロノーム】トレーニング13
4拍子でパパパパ!を叩こう!

手拍子の間に歌う「イ」と「ダ」の声をキレよく歌うことを心がけましょう。

ヒップホップ・ダンスなど、リズムに細かく乗る場合には必須の手拍子パターンです。

【体内メトロノーム】トレーニング13
4拍子でパパパパ!を叩こう!

応用トレーニング5
●パパパパ&パンウンが2つで1セットです!

track59 time 0:00〜0:16

パだけの拍もカウントをしっかりと歌って、パパパパの流れを継続することがポイント。

応用トレーニング6
●パパパパ&パンパンが2つで1セットです!

track59 time 0:17〜0:32

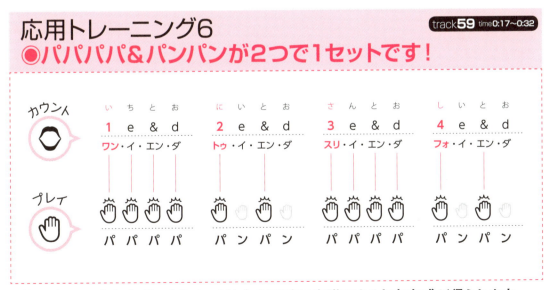

1拍の中に、パパパパとパ(ン)パ(ン)を同時に意識できると安定感が得られます。

【体内メトロノーム】トレーニング13
4拍子でパパパパ!を叩こう!

応用トレーニング7
●パンウン×2、パパパパ×2で1セット!

乱れやすいリズムです。「パ(ンウン)」の時もパパパパの流れを意識しましょう。

応用トレーニング8
●パンパン×2、パパパパ×2で1セット!

これも乱れやすいです。「ン」が入る拍もパパパパの流れをきちんと意識してください。

【体内メトロノーム】トレーニング13
4拍子でパパパパ!を叩こう!

この「パンパパ」も頻度の高い重要なリズム。「2」「4」をシャープに言えれば◎。

偶数拍のパパ+奇数拍のパを3連打ととらえて心地よいリズムの流れを感じましょう。

【体内メトロノーム】トレーニング13
4拍子でパパパパ!を叩こう!

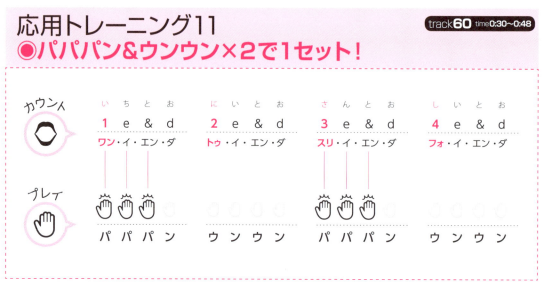

3打目の「パ」がしっかりと「&」の位置とそろうことを意識して練習してください。

「&」の位置をしっかり意識しながら手が叩ければ安定感が得られるでしょう。

【体内メトロノーム】トレーニング14
パパパパ!の ウラ拍をマスターしよう!

基本トレーニング
◎各拍でウパウパを叩いて基本に慣れよう

track **61**

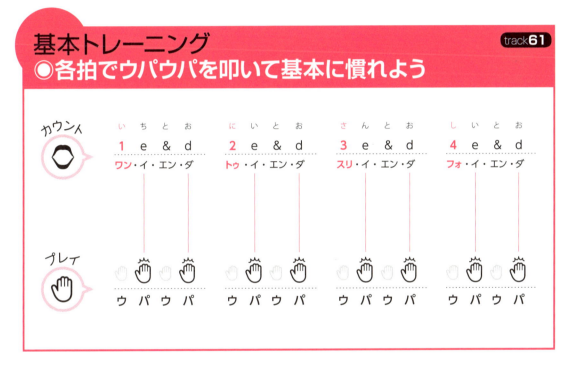

　「1e&d、2e&d、3e&d、4e&d（ワン・イ・エン・ダ、トゥ・イ・エン・ダ、スリ・イ・エン・ダ、フォ・イ・エン・ダ）のカウント（16分音符）を歌いながら手を（ウ）パ（ウ）パ!と叩くエクササイズです。このトレーニング14における（ウ）パ!というタイミングは、音楽用語では「16分音符のウラ拍」と呼ばれるタイミングです。難易度は高いリズムですが、この感覚が研ぎ澄まされると16分音符の理解が深まり、リズム感が向上します。基本トレーニングは（ウ）パ!が連続したもので、慣れないと正確に叩くのはかなり大変です。まずはゆっくり目のテンポから数字と位置関係をしっかり感じながら叩いていきましょう。どうしても難しい場合は126〜131ページのフレーズを練習した後に再挑戦してください。

[体内メトロノーム] トレーニング14
パパパパ!のウラ拍をマスターしよう!

応用トレーニング1
●ウパウン&ウンウン×2で1セット！

track62 time 0:00～0:16

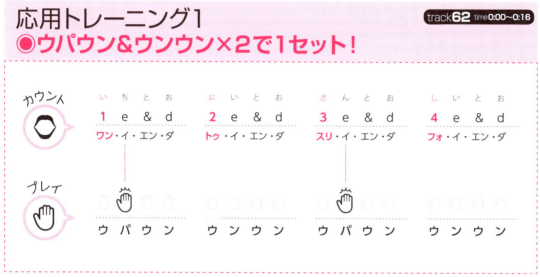

この「ウパウン」のタイミングを苦手と感じる人は多いのですが、大事なリズムです。

応用トレーニング2
●2拍と3拍でウパウンを叩こう！

track62 time 0:17～0:32

手拍子直後の「&」を明確に意識できるとスムーズな流れがつかみやすくなるでしょう。

【体内メトロノーム】トレーニング14
パパパパ!のウラ拍をマスターしよう!

応用トレーニング3
●ウンウパ&ウンウン×2で1セット!

track62 time 0:33～0:48

パ!の直後に歌う「2」と「4」の数字を明確に意識すると安定感が得られるでしょう。

応用トレーニング4
●ウンウン&ウンウパ×2で1セット!

track62 time 0:49～

「ウンウパ」は上と同じですが、入る拍の違いで変わるニュアンスを意識してください。

【体内メトロノーム】トレーニング14
パパパパ！のウラ拍をマスターしよう！

安定しにくいリズムのひとつ。手拍子直後の「&」を明確に意識できるかどうかが鍵。

パパ！で次の拍の数字を呼び込む感覚がつかめると心地よいノリが得られるでしょう。

【体内メトロノーム】トレーニング14
パパパパ！のウラ拍をマスターしよう！

「&」のタイミングを強くイメージ、その直前に1打の飾りを加える意識で「パパ」。

「ダ」で叩く手拍子で、次の拍の数字を呼び込むような気持ちで取り組めると◎。

[体内メトロノーム] トレーニング14
パパパパ!のウラ拍をマスターしよう!

パパンパ!は速くなりやすいので注意。「&」「数字」を明確にカウントするのがコツ。

数字(**1**、**3**)と手拍子が綺麗に4つ均等に並ぶことを意識して練習してください。

【体内メトロノーム】トレーニング14
パパパパ！のウラ拍をマスターしよう！

応用トレーニング11
●ウラ拍が連続するエクササイズ！

track64 time 0:33～0:48

1拍目と2拍目で16分音符のウラ拍を連続して手拍子するエクササイズです。

応用トレーニング12
●ウパウパ＆ウンウン×2で1セット！

track64 time 0:49～

（ウ）パ（ウ）パに惑わされて、大きな「1、2、3、4」という流れが崩れないように注意。

【体内メトロノーム】トレーニング15
パン!やウパ!をミックスした細かいリズムを叩こう!

基本トレーニング
◎2拍目のウンウパ!に気をつけましょう!

track65

　「1e&d、2e&d、3e&d、4e&d(ワン・イ・エン・ダ、トゥ・イ・エン・ダ、スリ・イ・エン・ダ、フォ・イ・エン・ダ)のカウント(16分音符)を歌いながらパ(ン)!や(ウ)パ!を組み合わせたリズムを叩くエクササイズです。基本トレーニングは「1」と「3」に叩くパ(ンウン)!の大きなサイクルを意識しながら、2拍目に(ウンウ)パ!を加えてリズムに勢いをつけます。この(ウンウ)パ!のタイミングは、急ぎやすいポイントなので注意が必要です。そこだけ速くなってしまう場合は、逆に少しタメる気持ちで叩くのも良い方法です。複数の人とアンサンブルで練習する場合は、119ページで紹介した「2」と「4」でパ(ンウン)!と叩く応用トレーニング2とアンサンブルすると効果的です。

【体内メトロノーム】トレーニング15
パン!やウパ!をミックスした細かいリズムを叩こう!

応用トレーニング1
●1〜2拍と3〜4拍で異なるリズムの流れ
track66 time 0:00〜0:16

1〜2拍目の流れ（16分音符）と3〜4拍目の流れ（8分音符）が混ざったエクササイズ。

応用トレーニング2
●後半のウンウンをしっかり正確に感じよう!
track66 time 0:17〜0:32

手を叩かない3拍目と4拍目の数字のカウントを丁寧に歌うことが大切です。

【体内メトロノーム】トレーニング15
パン!やウパ!をミックスした細かいリズムを叩こう!

応用トレーニング3
●ウンウパ→ウンパンの流れがポイント!

track66 time 0:33〜0:48

2拍目の「パ」でジャンプして、3拍目の「パ」に着地するようなイメージです。

応用トレーニング4
●2〜4拍目のリズムが特徴的なエクササイズ

track66 time 0:49〜

2拍目の「パ」から4拍目の「パ」までは、「パ」と「パ」の間の休みが同間隔。

【体内メトロノーム】トレーニング15
パン!やウパ!をミックスした細かいリズムを叩こう!

パパウン!とウンパパ!。連打する「パパ」の2打目をキレ良く叩くのがポイント。

イギリスのロック・バンド、レッド・ツェッペリンの「移民の歌」系のリズム型です。

【体内メトロノーム】トレーニング15
パン!やウパ!をミックスした細かいリズムを叩こう!

応用トレーニング7
●思わず踊り出すリズムを目指して叩こう!

track**67** time 0:33〜0:48

C+Cミュージック・ファクトリーの「エヴリバディ・ダンス・ナウ!」と同型のリズム。

応用トレーニング8
●パンウパ&ウンパンの流れをしっかり決めよう!

track**67** time 0:49〜

1拍目の最後の「パ」と2拍目の「2」とのつながりを正確に意識することがポイント。

【体内メトロノーム】トレーニング15

パン!やウパ!をミックスした細かいリズムを叩こう!

サルサなどの基本リズム音型「クラーベ」の一種で「ツー・スリーのクラーベ」。

「e」や「d」の「パ」が連続する2拍目と3拍目をスムーズに決めるのがポイント。

【体内メトロノーム】トレーニング16
パン!やウパ!をミックスした細かいリズムをもっと叩こう!

　このトレーニング16はトレーニング15の応用で、今回はやや長めのフレーズ（2小節）になっています。基本トレーニングは、2小節目の手拍子が「叩く・休み・休み」という3個ずつのサイクルが連続したものになっているのがポイント。一般の曲でもよく出てくるリズムですが、正確に把握するのは難しいものです。1小節目のシンプルなパ（ンウン）!（4分打ち）の時に、しっかりとカウントの細かい粒立ちを意識して、その流れを崩さないように2小節目に移行するのを目標としてください。

パン!やウパ!をミックスした細かいリズムをもっと叩こう!

【体内メトロノーム】トレーニング16

応用トレーニング1
● 途中で登場するウラ拍パターンに注意!

track70 time 0:00〜0:21

　1小節目の3拍目まではパ（ン）パ（ン）!という手拍子（8分音符のタイミング）を叩き、4拍目から2小節目にかけてウラ拍（eやdの箇所）を意識した手拍子に移ります。2小節目は実際の曲でもよく使われているリズムですが、テンポが速くなりやすいリズムなので注意が必要です。1小節目の手拍子のノリを継続させるような気持ちで2小節目も練習すると安定感が得られるでしょう。

[体内メトロノーム] トレーニング16
パン!やウパ!をミックスした細かいリズムをもっと叩こう!

1小節目でパ(ン)パ(ン)!と手拍子(8分音符のタイミング)を叩き、2小節目ではウラ拍(eやdの箇所)を強調したリズムを叩くエクササイズです。伝説的なベーシスト、ジャコ・パストリアスの演奏でも有名なセッションの定番曲「ザ・チキン」の締めのフレーズのリズムのイメージです。2小節目のリズムが1小節目より速くならないよう、特に数字の箇所のカウントをハッキリ意識して練習してください。

【体内メトロノーム】トレーニング16
パン!やウパ!をミックスした細かいリズムをもっと叩こう!

　1小節目は4分音符から8分音符のタイミングへと手拍子がスピード・アップ、2小節目では(ウ)パ(ウ)ン!が連続するリズムに移行するエクササイズです。特に2小節目のリズムは苦手な人が多いパターンだと思いますが、それゆえにしっかりと精度にこだわって練習してほしいものです。キレよく手拍子して、その前後のカウントの声をしっかりと聴くことがポイントになります。

【体内メトロノーム】トレーニング16
パン！やウパ！をミックスした細かいリズムをもっと叩こう！

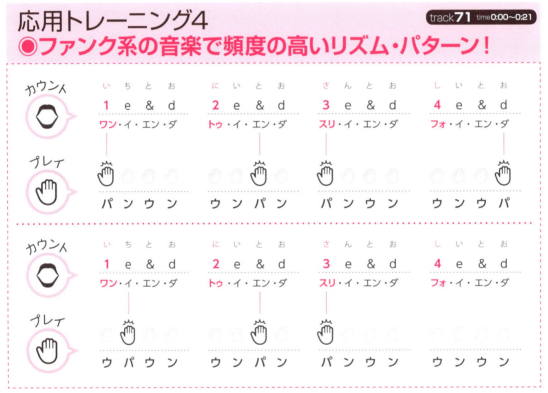

1小節目の最後の手拍子から2小節目の最初の手拍子へ向かうウラ拍（eやd）の流れがポイントとなるエクササイズです。ファンク系の楽曲でよく聴くことのできるリズムで、スリリングな躍動感が表現できれば良いでしょう。2小節目の「1」のカウントを明確に意識することがリズムを安定させるポイントになります。

パン!やウパ!をミックスした細かいリズムをもっと叩こう!

【体内メトロノーム】トレーニング16

応用トレーニング5
●パパパパ連続、パパンパ連続を正確に叩こう!

track71 time 0:23～0:42

　1小節目のパパパパが連続する手拍子から、2小節目でパパ(ン)パ!を繰り返す手拍子に移行するエクササイズです。2小節目は手を叩く場所ではなく、逆に手を叩かない「&」のカウントをアクセントのように意識できれば、2小節を通した一定感が得られるでしょう。前にも述べましたが、パパ(ン)パ!は16分音符のノリをつかむために重要なリズムになります。

【体内メトロノーム】トレーニング16
パン!やウパ!をミックスした細かいリズムをもっと叩こう!

　3つ1セットのタイミングで区切ったリズムを多用したエクササイズです。2小節目の「叩く・叩く・休む」という「手拍子2打＋休みが1音」というリズムがポイントになります。このように本来は4つサイクルのパパパパのリズムを、3つ単位（パパンorパパウ）で区切っていくような手法は定番的なものですが、本来の4分の4拍子の流れを感じながら演奏できれば、リズムに安定感が得られます。

【体内メトロノーム】トレーニング16
パン!やウパ!をミックスした細かいリズムをもっと叩こう!

1小節目の奇数拍でパパ(ウン)!という手拍子を叩き、2小節目は1〜2拍目で16分音符のウラ(e、d)を意識した手拍子に移行するエクササイズです。2小節目はダンス系の音楽によく使われるリズムですが、手拍子の隙間を急ぎやすいので注意が必要です。手拍子を叩かない「&」のタイミングをしっかりと意識しながら練習することがポイントになります。

[体内メトロノーム] トレーニング16
パン!やウパ!をミックスした細かいリズムをもっと叩こう!

応用トレーニング8
●1拍半フレーズ、パパパンウンをマスターしょう!

track72 time 0:23～0:43

　1小節目ではパ(ンウン)!というタイミング(4分音符)で手拍子を叩き、2小節目ではパパパ!という3連打の手拍子パターンに移行するエクササイズです。ただしこの3連打が拍のアタマ(数字)から始まるタイプと、拍のウラ(&)から始まるタイプの2種類が交互に出てくるので注意が必要です。少しわかりづらいですが、最初のパパパ!から次のパパパ!まで(パパパンウン)は**1拍＋半拍**の長さになっています。このようなフレーズを**1拍半フレーズ**などと呼びます。

【体内メトロノーム】トレーニング16

パン！やウパ！をミックスした細かいリズムをもっと叩こう！

応用トレーニング9
●1拍半フレーズ、パパンパウンをマスターしょう！

track72 time 0:44〜1:04

　1小節目は2拍4拍のバック・ビートで手拍子、2小節目ではパパ（ン）パ（ウン）！という手拍子を繰り返すエクササイズです。パパンパウン（orパパウパウン）も前のトレーニングと同じ1拍半フレーズと呼ばれる長さになっています。1拍半フレーズは実際の曲中で非常によく出てくる、リズムに幅を加える手法です。これがしっかりと4分音符の流れ（1、2、3、4）を失わずに演奏できれば、このリズムをアンサンブルの中にきちんとフィットさせることが可能になります。

【体内メトロノーム】トレーニング16
パン!やウパ!をミックスした細かいリズムをもっと叩こう!

　1小節目はパ(ン)パ(ン)!と手拍子(8分音符タイミング)、2小節目では(ウ)パ(ウ)パ!とウラ(16分音符)が連続するエクササイズです。内容的にはシンプルですが、それゆえに突き詰めると非常に奥が深いリズムと言えるでしょう。
　このパターンが正確に叩けている実感が出るようになったら、体内メトロノームやリズム感のスキルはかなり上がったといえるでしょう。あくまでカウントを一定に歌えているかどうかを念頭において練習してください。

※この1ページのパターンを何回も繰り返しましょう。

まとめトレーニング⑮

track**73**

童謡「どんぐりころころ」をイメージした手拍子のエクササイズです。「どんぐりころころ〜」のリズムを想像しながらやってみてください。

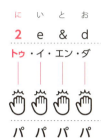

カウント	いち と お	にい と お	さん と お	しい と お
	1 e & d	2 e & d	3 e & d	4 e & d
	ワン・イ・エン・ダ	トゥ・イ・エン・ダ	スリ・イ・エン・ダ	フォ・イ・エン・ダ
プレイ	パ ン パ パ	パ パ パ パ	パ ン パ パ	パ ン ウン

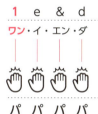
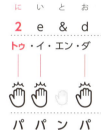
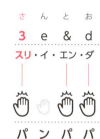

カウント	いち と お	にい と お	さん と お	しい と お
	1 e & d	2 e & d	3 e & d	4 e & d
	ワン・イ・エン・ダ	トゥ・イ・エン・ダ	スリ・イ・エン・ダ	フォ・イ・エン・ダ
プレイ	パ パ パ パ	パ パ ン パ	パ ン パ パ	パ ン ウン

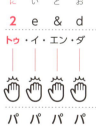

カウント	いち と お	にい と お	さん と お	しい と お
	1 e & d	2 e & d	3 e & d	4 e & d
	ワン・イ・エン・ダ	トゥ・イ・エン・ダ	スリ・イ・エン・ダ	フォ・イ・エン・ダ
プレイ	パ パ パ パ	パ パ パ パ	パ ン パ パ	パ ン ウン

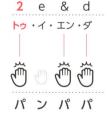
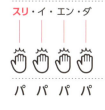

カウント	いち と お	にい と お	さん と お	しい と お
	1 e & d	2 e & d	3 e & d	4 e & d
	ワン・イ・エン・ダ	トゥ・イ・エン・ダ	スリ・イ・エン・ダ	フォ・イ・エン・ダ
プレイ	パ ン パ ン	パ ン パ パ	パ パ パ パ	パ ン ウン

まとめトレーニング⑯ track74

※この1ページのパターンを何回も繰り返しましょう。

エリック・クラプトンがカバーしたことでも有名な楽曲「アイ・ショット・ザ・シェリフ」のリズムをイメージしたエクササイズです。前半はレゲエを意識した手拍子、後半は節目で出てくるリズムです。

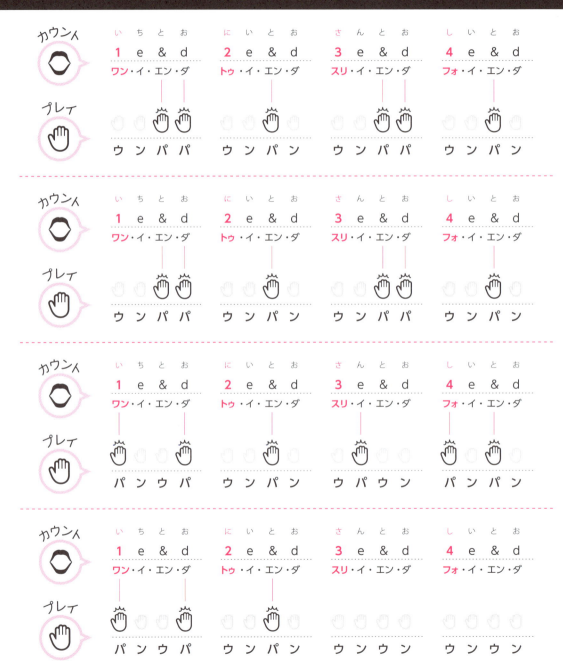

※この1ページのパターンを何回も繰り返しましょう。

まとめトレーニング⑰

track 75

フュージョン・バンド、カシオペアの代表曲「ASAYAKE」のギターのリズムなどをイメージしたエクササイズです。16分音符のウラ拍を多用した難しいリズムをキレよく叩けるように練習しましょう。

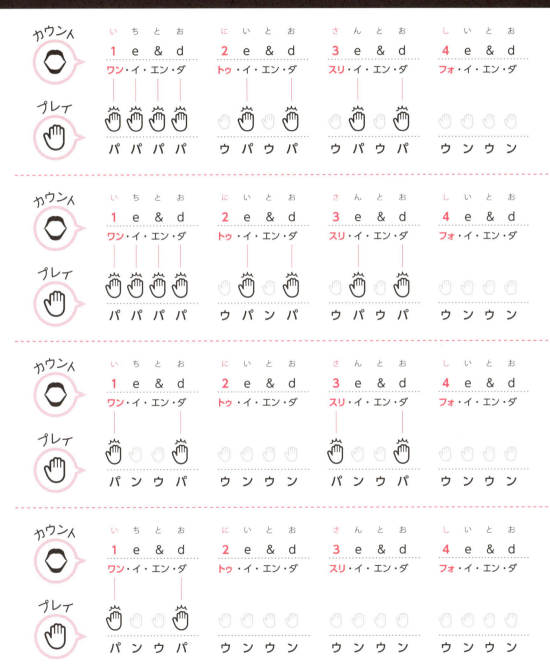

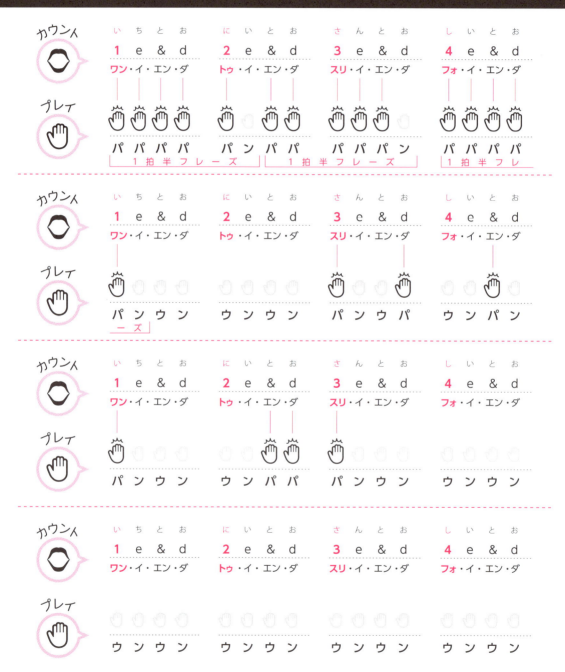

※この1ページのパターンを何回も繰り返しましょう。

まとめトレーニング⑲

track**77**

「ルパン三世のテーマ'78」の冒頭のリズムなどをモチーフにしたエクササイズ。前半の2小節は「パパ」の手拍子をする直前と直後の数字カウントをキレよく感じることががポイントになります。

カウント																	
	い	ち	と	お	に	い	と	お	さ	ん	と	お	し	い	と	お
	1	e	&	d	2	e	&	d	3	e	&	d	4	e	&	d
	ワン	・イ	・エン	・ダ	トゥ	・イ	・エン	・ダ	スリ	・イ	・エン	・ダ	フォ	・イ	・エン	・ダ

1小節目（プレイ）: パ パ ウン ／ ウン パ パ ／ ウン ウン ／ ウン ウン

2小節目（プレイ）: パ パ ウン ／ ウン パ パ ／ ウン ウン ／ ウン ウン

3小節目（プレイ）: パン ウン ／ ウン ウン ／ パ パン パ ／ ウ パ パン

4小節目（プレイ）: パン ウン ／ ウン ウン ／ ウン ウン ／ ウン ウン

コラム05

もっともっとリズム感を良くするために！
4分音符を叩きながらパ！を歌う

　逆の発想も試してみましょう。基本リズムとなる**4分音符を手拍子**、そこに**パ！や（ウ）パ！を声で歌う**練習です（譜例）。一番のポイントは手拍子を体の芯から叩くこと。しっかりと腹の底から湧き出すよう手拍子に合わせて「パ」を歌うことで、初めて効能を発揮します。声に影響されて手拍子がぎこちない動きにならないようにくれぐれも注意。休符となる「ン」や「ウ」の部分は歌を省略しても構いません。やりやすい方法でトライしてください。これは世界的に有名な海外ドラマーのエピソードですが、関係者が打ち合わせのためにドラマーを訪れると、彼はシンプルな4分音符をひたすら練習している最中だったそうです。すると担当者に気づいた彼は「簡単な練習をしていると思った？　でも僕の頭の中では複雑な音符がたくさん鳴っているんだよ」。究極の意味では、**体中で4分音符を感じながら複雑な音符を実際に演奏する行為**と、逆に**シンプルな4分音符を叩きながら頭の中で複雑な音符をイメージする行為**、どちらも同じなのかもしれませんね。

track93

※例題ではカウントの手拍子はすべて4分音符ですが、プレイに合わせて8分音符、3連符、16分音符で手拍子してみるのも良い練習になります。

カウントが変化する「体内メトロノーム」を身につけよう

～リズム・チェンジ～

このカウントを混ぜてやってみよう

パの4拍子：1、2、3、4
パパも4拍子：1＆、2＆、3＆、4＆
パパパの4拍子：1＆d、2＆d、3＆d、4＆d
パパパパの4拍子：1e＆d、2e＆d、3e＆d、4e＆d

【体内メトロノーム】トレーニング17
1打ずつでリズム・チェンジ!

音楽の中では、常に同じリズムが流れているわけではありません。曲の中の場面展開に沿ってリズムが変化しても、基本となる「1、2、3、4のカウント」を心に保つことができるようにする練習がリズム・チェンジです。この練習に慣れると、より音楽的なリズムの流れでカウントを歌えるようになります。

まずは手はパ!(4分音符)を保ちながら、カウントのほうを変えていくエクササイズです。「1、2、3、4」のカウントから「1&、2&、3&、4&」のカウントに移行します。基本となる「1、2、3、4」の位置がブレないように気をつけてください。

【体内メトロノーム】トレーニング17
1打ずつでリズム・チェンジ!

難しいトレーニングは、音源に合わせて「カウントだけ」からやってみましょう!

応用トレーニング1
● 今度は3連符のカウントにも変化してみます

track79 time 0:00〜0:15

「1＆、2＆、3＆、4＆（8分音符）」のカウントから「1＆d、2＆d、3＆d、4＆d（3連符）」のカウントに移行するエクササイズです。実際の曲の中でこのようなリズム・チェンジが出てくると、3連符の箇所で遅くなりやすいので注意が必要です。テンポによっても叩きやすさが変わるので、まずはゆっくりとしたテンポに慣れてから、いろいろなテンポで練習することをお薦めします。

[体内メトロノーム] トレーニング17
1打ずつでリズム・チェンジ!

> 1小節目も2小節目も「1拍分の長さ」が すべて均等になるようにカウントしましょう

応用トレーニング2
●もっと細かいカウントへも変化させてみましょう

track**79** time 0:19〜

「1＆d、2＆d、3＆d、4＆d（3連符）」のカウントから「1e＆d、2e＆d、3e＆d、4e＆d（16分音符）」のカウントに移行するエクササイズです。16分音符のカウントに変化した際に、3連符のリズムの流れを引きずらないで、気持ちをスパッと切り替えられるかどうかがポイントになります。16分音符の「e」の声をシャープに発音、感じることがコツです。

【体内メトロノーム】トレーニング17
1打ずつでリズム・チェンジ！

「1＆、2＆、3＆、4＆（8分音符）」のカウントから「1e＆d、2e＆d、3e＆d、4e＆d（16分音符）」のカウントに移行するエクササイズです。カウントが変わっても、「数字」と「＆」の位置がブレずに一貫性を保てるように練習すると安定感を得られるでしょう。

【体内メトロノーム】トレーニング17
1打ずつでリズム・チェンジ!

応用トレーニング4
●最もシンプルなカウントから3連符のカウントへ

track80 time 0:19〜

「1、2、3、4（4分音符）」のカウントから「1&d、2&d、3&d、4&d（3連符）」のカウントに移行するエクササイズです。4分音符のカウントに戻った時も頭の中では3連符のイメージを継続できれば、リズムに安定感が得られるでしょう。

【体内メトロノーム】トレーニング18
連打でリズム・チェンジ!

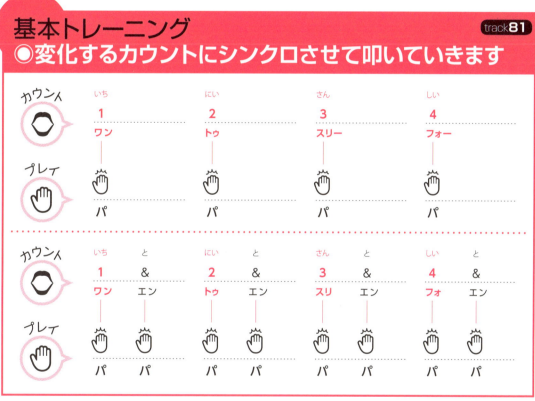

次のリズム・チェンジでは、手拍子のパターンも変化させていきます。基本トレーニングは、カウントが「1、2、3、4（4分音符）」から「1&、2&、3&、4&（8分音符）」に移行、手もそれに合わせてパ!からパパ!に変化します。パパ!に移り変わった時にリズムが速くなってしまうケースが多いので注意してください。パ!を叩いている時にも、音と音の間隔を正確に意識することがポイントになります。

[体内メトロノーム] トレーニング18
連打でリズム・チェンジ!

> 難しいトレーニングは、音源のカウントに合わせて「手拍子だけ」からやってみましょう!

応用トレーニング1
●パパパの変化でリズムが崩れないように注意!

track82 time 0:00〜0:15

「1＆、2＆、3＆、4＆（8分音符）」のカウントから「1＆d、2＆d、3＆d、4＆d（3連符）」のカウントに手拍子も移行するエクササイズです。3連符に移った時にカウントと手拍子がズレやすいので注意しましょう。あくまで声を主体に感じて、そこに手拍子を重ねるような意識が大切です。手拍子のタイミングに声がつられてしまわないように心がけてください。

【体内メトロノーム】トレーニング18
連打でリズム・チェンジ！

「1＆d、2＆d、3＆d、4＆d（3連符）」のカウントから「1e＆d、2e＆d、3e＆d、4e＆d（16分音符）」のカウントに手拍子も移行するエクササイズです。16分音符にチェンジした瞬間、カウントと手拍子のどちらもスパッと切り換えることがポイントです。16分音符の1拍目の「e」のタイミングで、その後のリズムの流れが決まってしまうということを意識して練習してください。

【体内メトロノーム】トレーニング18
連打でリズム・チェンジ!

> 1小節目も2小節目も「1拍分の長さ」が すべて均等になるようにカウントしましょう

応用トレーニング3
●パパからパパパパへのリズム・チェンジ!

track**83** time0:00〜0:15

「1＆、2＆、3＆、4＆（8分音符）」のカウントから「1e＆d、2e＆d、3e＆d、4e＆d（16分音符）」のカウントに手拍子も移行するエクササイズです。まずは遅いテンポから確実に正確に練習してください。それに慣れた後、速いテンポで挑戦する場合は、16分音符の手拍子が追いつかなくなってきますので、右左の手を交互に使って腿などを叩くパターンに変更すると良いでしょう。

【体内メトロノーム】トレーニング18
連打でリズム・チェンジ!

　「1、2、3、4（4分音符）」のカウントから「1&d、2&d、3&d、4&d（3連符）」のカウントに手拍子も移行するエクササイズです。このエクササイズも速いテンポで練習する時は、3連符のところは右左交互打ちの手順にして挑戦してみましょう。この時、右手から始めると、2拍目と4拍目の3連符は左手（1、3拍目と逆の手）からスタートする順番になるので少し慣れが必要です。ただしそれとは別にもっと自分が叩きやすい手順があれば、その手順で構いません。

【体内メトロノーム】トレーニング19
ウラ拍も混ぜたリズム・チェンジ!

基本トレーニング
◉「2」と「4」のカウントを明確に意識しましょう!
track84

　3つ目のリズム・チェンジでは、カウントの移り変わりに加えて、手のフレーズに(ウ)パ!のパターンを混ぜて、より実践に役立つリズム練習に発展させていきます。

　基本トレーニングでは「1&、2&、3&、4&のカウント(8分音符)」の流れから「1e&d、2e&d、3e&d、4e&dのカウント(16分音符)」へ移行、手拍子はここまでで練習したいろいろなパターンを混ぜています。このようなリズム変化は一般的な楽曲の中では定番的なものです。どちらの小節も、手を叩かない「2」と「4」の数字のリズム位置を明確に歌って感じることが、正確なリズムを導くポイントとなります。

【体内メトロノーム】トレーニング19
ウラ拍も混ぜたリズム・チェンジ！

難しいトレーニングは、音源のカウントに合わせて「手拍子だけ」からやってみましょう！

応用トレーニング1
● 2小節目の2拍3連への移行をスムーズに！

track85 time 0:00〜0:16

　「1＆、2＆、3＆、4＆」のカウントから「1＆d、2＆d、3＆d、4＆d」のカウントに移行、2小節目では3連符を一打間隔で叩く「2拍3連符」へとリズム・チェンジするエクササイズです。実際の音楽にもよく出てくるシチュエーションですが、自信を持って正確なリズムだと感じるのが難しいパターンです。特に2拍3連符はテンポが遅くなりやすいので注意してください。

[体内メトロノーム] トレーニング 19
ウラ拍も混ぜたリズム・チェンジ!

「1拍分の長さ」はすべて均等になるようにカウントしましょう

「1、2、3、4」のカウントから、2小節目では「1&(8分音符)」や「2e&d(16分音符)」が混在するカウントに移行するエクササイズです。このように音符の流れに則したカウントを歌うことに慣れると、音楽的なフレーズや動きにカウントを溶け込ませることが可能になり、より自然にリズムに乗れるようになるでしょう。

【体内メトロノーム】トレーニング19
ウラ拍も混ぜたリズム・チェンジ！

　「1＆、2＆、3＆、4＆」のカウントから「1＆d（3連符）」や「3、4（4分音符）」が混在したカウントに移行するエクササイズです。3連符の箇所はラテン系の楽曲で使われるキメをイメージしていて、キレ味良く演奏したい場面です。実際の音楽では少しどっしりとした重ためのタイミングで演奏される場合も多いリズムですが、それを正しいタイミングを理解した上でできるとベストなのです。

|【体内メトロノーム】トレーニング19
ウラ拍も混ぜたリズム・チェンジ！

　「1、2、3、4（4分音符）」と「1＆d、2＆d、3＆d、4＆d（3連符）」が複雑に混じりあったカウントを歌いながら手拍子するエクササイズです。こちらもラテン系の音楽でよく聴けるパターンのイメージです。1小節目の3拍目の「＆」の位置から一打おきに手拍子を叩く流れ（叩く、休む、が交互）になっていることを意識すると安定感が得られるでしょう。2小節目の「3」、「4」のカウントを力強く感じることも心地よいリズムの流れを上手くとらえるポイントです。

※この1ページのパターンを何回も繰り返しましょう。

まとめトレーニング⑳

track87

童謡「富士山」のリズムをイメージしたエクササイズです。「あーたーまーを～」のリズムを想像しながらやってみてください。4分音符のカウント、8分音符のカウントはしっかり歌い分けましょう。

※この1ページのパターンを何回も繰り返しましょう。

まとめトレーニング㉑　track88

シェリル・リンの「ガット・トゥ・ビー・リアル」のリズムをイメージしたエクササイズ。前半はイントロのリズム、後半は基本のリズムがモチーフです。後半2小節のみを繰り返すのも良い練習になります。

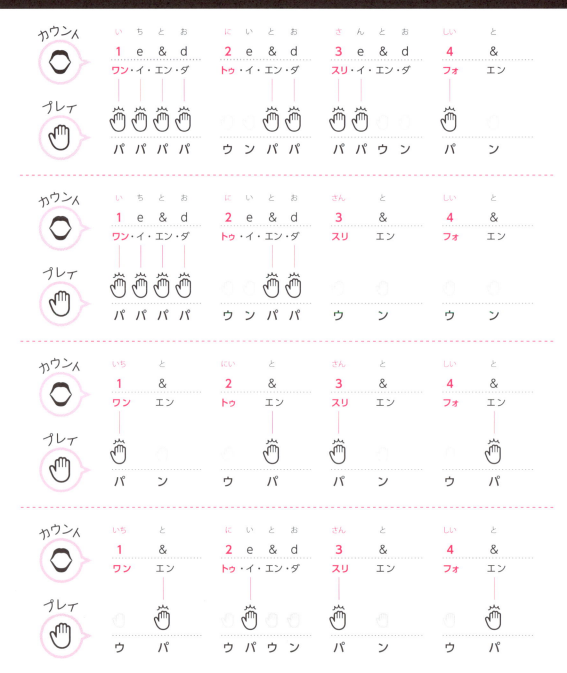

※この1ページのパターンを何回も繰り返しましょう。

まとめトレーニング㉒

track89

沢田研二の大ヒット曲「勝手にしやがれ」のリズムをイメージしたエクササイズ。16分音符と8分音符が複雑に入り混じった難しいリズムです。できるだけ遅いテンポから確実に練習してください。

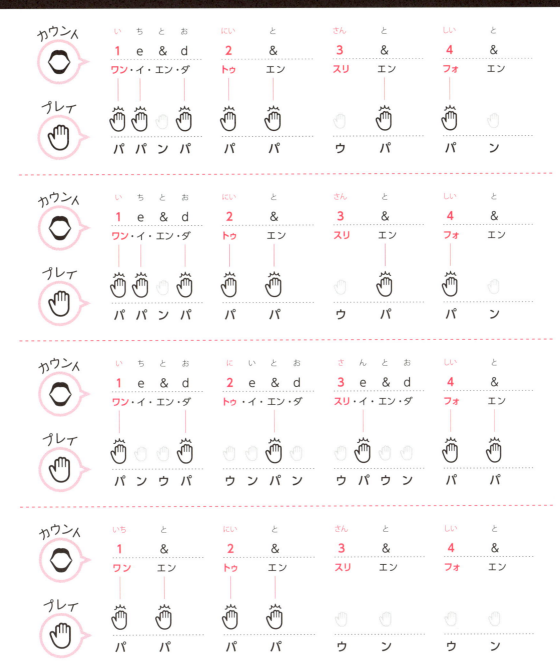

※この1ページのパターンを何回も繰り返しましょう。

まとめトレーニング㉓ track90

8分音符（1小節目）から2拍3連符（2小節目）に移行するフレーズを含むエクササイズです。
TOTOの「アフレイド・オブ・ラヴ」の曲中に出てくるリズムをモチーフにして作ったものです。

おわりに

　みなさん、「体内メトロノーム」トレーニングはいかがだったでしょうか？　難しい課題も含まれていましたが、それが大変な場合は、取り組みやすいものやシンプルなものから何度も繰り返し練習、まずはエクササイズに慣れることを優先してください。中でも「1＆、2＆、3＆、4＆」と「1＆d、2＆d、3＆d、4＆d」のエクササイズを確実に体に染み込ませれば、かなりの成果が期待できると考えています。

　また本書で紹介したカウントやリズムは、ポピュラー音楽を形成する代表格であり、共用語のようなものばかり。実際の楽曲ではそれらから外れたリズムも存在しますが、そのような場合も本書で培ったカウントの基礎が身についていれば対応しやすいはずです。

　この体内メトロノームを体に植えつけることは、筋肉トレーニングや植物を育てるのと同じように、毎日少しずつの積み重ねが不可欠です。筆者も今だに機会があれば、カウント読みを楽器の練習に取り入れて拍や小節感を意識するようにしています。道を歩きながら、寝る前のベッドの中など、場所を選ばすに頭の中でイメージするだけでも本エクササイズは十分に効果があります。

　長い目でじっくりと自分のリズム感の成長を楽しみながら、本エクササイズに取り組んで頂けたら嬉しく思います。

　本当にありがとうございました！

長野祐亮

著者プロフィール

東京都出身。15歳からドラムを始め、つのだ☆ひろ, そうる透に師事。大学在学中にプロ活動をスタートし、数々のレコーディングやアーティストのサポートで活躍する。現在はそうした音楽活動と並行し、インストラクターやリズム＆ドラム・マガジン誌などへの執筆活動を通して後進の指導も積極的に行う。著書に『新・ドラマーのための全知識』『1日15分!自宅でドラム中毒』『ドラム・パターン大辞典326』『脳もリズム感も活性化!みんなで楽しむ手拍子リズムトレーニング』『毎日1曲!脳が元気になる!歌って手拍子』などがある。

歌、楽器、ダンスが上達！
リズム感が良くなる「体内メトロノーム」トレーニング

著者 ☞ 長野 祐亮

2017年5月25日 第1版1刷 発行　　2021年5月10日 第1版4刷 発行
ISBN978-4-8456-3048-6
定価1,980円（本体1,800円＋税10％）

発行所 ☞
株式会社リットーミュージック
〒101-0051　東京都千代田区神田神保町一丁目105番地
https://www.rittor-music.co.jp/

発行人 ☞ 松本　大輔
編集人 ☞ 野口　広之

【乱丁・落丁などのお問い合わせ】
TEL：03-6837-5017 ／ FAX：03-6837-5023
service@rittor-music.co.jp
受付時間／10：00-12：00、13：00-17：30（土日、祝祭日、年末年始の休業日を除く）

【書店様・販売会社様からのご注文受付】
リットーミュージック受注センター
TEL：048-424-2293 ／ FAX：048-424-2299

【本書の内容に関するお問い合わせ先】
info@rittor-music.co.jp
本書の内容に関するご質問は、Eメールのみでお受けしております。
お送りいただくメールの件名に「リズム感が良くなる体内メトロノーム」と記載してお送りください。ご質問の内容によりましては、しばらく時間をいただくことがございます。なお、電話やFAX、郵便でのご質問、本書記載内容の範囲を超えるご質問につきましてはお答えできませんので、あらかじめご了承ください。

編集担当 ☞ 杉坂　功太
デザイン・レイアウト ☞ 杉山　勝彦、平井　朋宏（LOVIN' Graphic）
音源制作 ☞ 田中どぽん俊光
ナレーション ☞ 蓮見　香織
イラスト ☞ ミホマナ
印刷所 ☞ 凸版印刷株式会社

©2017 Rittor Music Inc.
Printed in Japan

本書記事／写真／図版などの無断転載・複製は固くお断りします。

©長野 祐亮
※落丁・乱丁本はお取替えいたします。

JCOPY ＜(社)出版者著作権管理機構 委託出版物＞
本書の無断複写は著作権法上での例外を除き禁じられています。複写される場合は、そのつど事前に（社）出版者著作権管理機構
（電話 03-5244-5088、FAX 03-5244-5089、e-mail: info@jcopy.or.jp）の許諾を得てください。